负债翻盘

郑小四
编著

台海出版社

图书在版编目（CIP）数据

负债翻盘 / 郑小四编著 . -- 北京：台海出版社，2025. 4. -- ISBN 978-7-5168-4178-5

I. F830.589

中国国家版本馆 CIP 数据核字第 2025S2R576 号

负债翻盘

编　　著：郑小四

责任编辑：赵旭雯　　　封面设计：尚世视觉

出版发行：台海出版社

地　　址：北京市东城区景山东街 20 号　邮政编码：100009

电　　话：010-84045799（发行，邮购）

传　　真：010-84045799（总编室）

网　　址：www.taimeng.org.cn/thcbs/default.htm

E - mail：thcbs@126.com

经　　销：全国各地新华书店

印　　刷：三河市双升印务有限公司

本书如有破损、缺页、装订错误，请与本社联系调换

开　　本：710 毫米 ×1000 毫米　1/16

字　　数：145 千字　　印　　张：11

版　　次：2025 年 4 月第 1 版　　印　　次：2025 年 5 月第 1 次印刷

书　　号：ISBN 978-7-5168-4178-5

定　　价：58.00 元

前言

在人生的旅途中，债务问题如同一朵随时可能笼罩的乌云，让许多人陷入困境。你或许见过这样的场景：有的人因背负沉重的债务，让生活陷入无尽的黑暗，每日被催债电话与焦虑情绪所困扰，失去了生活的方向；而有的人却能在负债的泥沼中，凭借着坚定的信念与独特的方法，一步步爬起，实现华丽转身，重获财务自由与生活的希望。这种差距究竟源于何处？答案就在《负债翻盘》这本书中。

想象一下，有两个同样背负巨额债务的人。一个在负债后，整日唉声叹气，自怨自艾，被债务压得喘不过气，不敢尝试新的工作机会，也不愿积极寻求解决办法，觉得自己这辈子都无法摆脱债务的枷锁。而另一个则截然不同，虽身处困境，却保持着积极乐观的心态，冷静分析自己的债务状况，不断学习财务知识与赚钱技能，主动寻找能够翻盘的机遇。同样是负债，为何会有如此不同的应对方式与结果呢？

本书揭示了负债翻盘绝非偶然，而是源于正确的思维模式与切实可行的行动策略。那些成功摆脱债务、实现人生逆袭的人，首先在心态上就战胜了困难。他们不把负债视为终点，而是当作重新出发的起点，将每一次挑战都看作成长的契机。在财务规划方面，他们有着清晰的目标与详细的计划。通过制定合理的还款方案，优先偿还高利息债务，逐步减轻债务负担。同时，他们懂得开源节流的重要性，一方面努力增加收入，开拓多种赚钱渠道，不局限于传统的工作模式；另一方面严格控制支出，削减不必要的消费，让每一分钱都花得有价值。

这些人还善于学习和借鉴他人的经验。他们会积极参加各种培训课程，阅读大量的理财书籍，向已经成功翻盘的前辈请教，不断汲取知识与智慧，提升自己的财商。他们明白，只有不断学习，才能在复杂多变的经济环境中找到适合自己的翻盘之路。

反观那些在债务困境中越陷越深的人，往往心态消极、缺乏规划，并且拒绝改变与学习。他们任由债务像雪球一样越滚越大，最终被压垮。

《负债翻盘》这本书，不是简单的心灵鸡汤，而是一部具有实际指导意义的负债逆袭指南。它通过丰富的案例、深入浅出的分析，为你提供从调整心态、规划财务到拓展收入渠道等一系列实用的方法与技巧。翻开这本书，就如同找到了一位经验丰富的导师，它将引领你穿越债务的黑暗，走向光明的彼岸。

翻开这本书，就如同开启了一场与有钱人的思维对话。无论是刚刚陷入债务危机，还是已经在困境中挣扎许久，只要你愿意改变，愿意付出努力，这本书都将为你点亮希望之光。让我们一起走进这本书，探索财富思维的差异，踏上这趟负债翻盘的征程，重新掌控自己的人生，开启属于自己的财富之旅吧！

目录

第三章 困境重生：精准制定你的债务优化策略

第四章 翻盘心法：解锁债务背后的底层逻辑

第五章 扭转“钱”坤：实现财富逆袭

第六章　学会借势：让财富运势实现反转

第七章　守住钱包：不再陷入债务泥潭

第八章 财富重启：打造“无债一身轻”的底气与资本

第一章

停止内耗

用“破局思维”打赢债务翻身仗

负债的阴霾，或许正笼罩着你，让你在深夜辗转难眠，被焦虑、自责纠缠。但一味地沉浸在痛苦与自责中，毫无意义。我们必须正视负债困境，学会释放焦虑情绪，不再让它肆意侵蚀我们的心灵。哪怕过程艰难，只要坚持，终能摆脱负债的枷锁，重新拥抱生活的阳光，开启属于自己的新篇章。

打破负债困局，用勇气和智慧“逆天改命”

2025年春节档电影《哪吒之魔童闹海》强势霸屏，这部电影不仅在票房上一骑绝尘，更在文化与社会层面激起千层浪，引发了大众对价值观和精神内核的深度探讨。哪吒在得知自己魔丸身世后，没有选择认命，而是奋起反抗。“若前方无路，我就踏出一条路；若天地不容，我就扭转这乾坤”等台词，无不击中观众的内心，引发深刻的情感共鸣。它不仅仅是一部动画片，更是一场心灵的洗礼，让我们在故事中审视自己的内心世界。

在现实生活中，我们或多或少都能在哪吒身上找到自己曾经的影子。其实“魔丸”的逆天改命与负债之下的自我蜕变有着奇妙的共通之处。哪吒凭借着不屈的意志最终改写了他的命运轨迹，负债者即便遭到命运给予的沉重一击，也同样能在困境中浴火重生，实现自我的蜕变。

在当今经济高速发展、消费观念日益多元的时代，负债已成为许多人生活中难以回避的一部分。无论是为了购置房产、创业投资，还是因意外事件导致的经济困境，负债都如同沉重的巨石，压在人们的心头。随之而来的巨大压力，往往使人们陷入焦虑、抑郁、恐惧等负面情绪的枷锁之中，难以自拔。

然而，当你学会重塑心态，以积极乐观的态度接受负债这个现实时，或许就会发现负债其实并非绝境，而是一次蜕变。当你重拾勇气与信心，用破局思维去审视负债困境时，或许就会发现，负债之中同样隐藏着宝贵的机遇。

很多成功者的创业历程中，都遭遇过负债的至暗时刻。王军在创业发展初期，为了扩大影响力，投入大量资金在报纸上打广告。然而，广告投放后，咨询电话寥寥无几，投入的巨额资金打了水漂，这让公司陷入严重的负债危机。

面对如山的债务，王军没有退缩。他开始深入思考问题所在，发现当时的宣传方式过于单一，无法精准触达目标客户群体。在一次偶然的机会下，他参加了一场教育研讨会，在会上，他了解到通过举办免费讲座的形式，可以吸引大量有需求的学生和家长。

王军看到了转机，他立刻组织团队筹备讲座，借由免费讲座带来的影响力，招生情况开始好转。学生报名量大幅增加，不仅还清了之前的债务，还实现了盈利。回顾这段经历，王军感慨道，负债的困境如同一场暴风雨，但也正是这场暴风雨，让他重新审视市场，发现了新的机遇。正是在困境中的坚持与探索，成就了如今的成功。

负债问题的确是对我们财务状况的一次严峻考验。它如同一面镜子，清晰地映照出我们过去在理财、消费乃至人生规划方面的种种不足。曾经，也许是过度消费的欲望让我们刷爆了信用卡，或是盲目投资导致资金链断裂。这些失误看似带来了巨大的痛苦，但从另一个角度看，它们为我们提供了宝贵的教训。

然而，面对沉重的债务，人们往往会激发出内心深处潜藏的巨大能量。当生活将我们逼入绝境时，我们往往会发现自己原来拥有如此惊人的适应能力和创造力。负债“逼”我们突破舒适区，不断挖掘自身潜力，在困境中实现自我超越；负债“逼”我们积极学习新技能，灵活开展副业，不仅还清了债务，还开启了人生的新篇章；负债“逼”我们重新审视自己的财务行为，学会量入为出，合理规划收支，从而建立起更为稳健的财务基础。

其实，负债并不可怕，可怕的是丧失信心和勇气。要知道负债只是人生中的一个挑战，只要我们有着逆天改命的信心，勇敢地正视它，以积极的心态、坚定的行动去应对它，或许就会发现，这段艰难的经历终将成为我们人生路上最宝贵的一笔财富，而我们也必定能打赢这场“负债翻盘仗”。

课堂小延伸

《哪吒之魔童闹海》之所以被大众喜爱，并不是因为哪吒有多么完美，而是作为魔丸的哪吒没有认命，他用勇气和力量为自己逆天改命。如果你身负重债，就要敢于直面债务，深度剖析债务状况，就能挣脱负债的枷锁，塑造属于自己的英雄人生。

解除负债的焦虑，摆脱情绪的枷锁

负债的压力，如同巨石沉甸甸地压在心头，每一日都被这无解的压力反复碾压，时常在深夜辗转难眠，满心都是无力感，仿佛置身于漆黑的深渊，看不到一丝希望的曙光。然而，想要重新找回生活的阳光，我们必须要学会有效地释放压力，挣脱情绪的束缚。

负债带来的压力首先就是经济层面。每月固定的还款金额，时刻提醒着人们经济上的窘迫。为了偿还债务，人们不得不节衣缩食，削减生活开支，即便如此，也会面临入不敷出的困境。这种长期的经济压力，极易引发对未来生活的担忧和不安。担心无法按时还款导致信用受损，害怕失去现有的资产，这些负面想法不断在脑海中盘旋，让人夜不能寐。当这些负面想法不断在脑海中盘旋时，你开始辗转难眠，精神也变得高度紧张，甚至对生活失去了兴趣和热情。

阿强本是个积极向上的年轻人，一心创业。可创业失败后，他背负了巨额债务。起初，他只是焦虑，每天为了还款四处奔波，却屡屡碰壁。

随着债务到期日的临近，他开始失眠，整夜望着天花板发呆。催债电话一个接一个，每一声铃响都像重锤砸在他心上。他不敢接，也不敢和家人朋友倾诉，把自己封闭起来。

阿强没有及时梳理这些负面情绪，它们在心底越积越多。工作时，他常常走神，被领导批评，业绩也一落千丈，收入越来越少，债务却越来越沉重。

终于，他陷入了抑郁的深渊。对任何事都提不起兴趣，觉得自己是个失败者，未来一片黑暗。曾经那个阳光开朗的他，被债务带来的负面情绪彻底吞噬，生活陷入了无尽的痛苦与绝望之中。

在社会观念中，负债往往被视为一种失败的标志，这使得负债者极易产生自卑心理。他们害怕被他人知晓自己的债务状况，逐渐将自己封闭起来，减少与外界的交流和互动。这种自我封闭不仅会加剧负面情绪的积累，还会进一步削弱个人的社会支持系统。当遇到困难和挫折时，无法从家人、朋友那里获得及时的帮助和鼓励，导致情绪问题愈发严重。许多负债者陷入抑郁的深渊，对生活失去信心，甚至产生轻生的念头。

那么，如何才能释放负债压力，摆脱情绪枷锁呢？我们可以试着用以下几个方案，调整焦虑内耗的情绪，释放内心压力。

接受现实与调整心态

接受现实，正视负债情况，真实评估自己的财务状况，包括收入、支出、资产及负债。不要将负债逾期视为世界末日，保持积极乐观，相信自己能够找到解决问题的方法。把这段经历看作是一个重新审视自己财务状况和消费习惯的契机，并不断反思和改进自己管理财务的策略和方法。

调整作息与运动

每天保证适量的运动，如跑步、瑜伽、游泳等，不仅可以释放身体内的压力荷尔蒙，还能促进大脑分泌内啡肽，使人产生愉悦感。同时，保持规律的作息时间，保证充足的睡眠，让身体得到充分的休息和恢复。

此外，培养一些兴趣爱好，如阅读、绘画、音乐等，丰富自己的业余生活，转移注意力，缓解因负债带来的焦虑情绪。

管理好情绪

当你感到焦虑、紧张或压力过大时，不妨做一下深呼吸的练习。你可以找一个安静的地方坐下或躺下，闭上眼睛，慢慢地吸气，让空气充满腹部，然后再缓缓地呼气，每次练习 5~10 分钟。你也可以尝试一些放松的活动，如打坐、冥想等，这些活动可以很好地管理压力和负面情绪反应。

适当宣泄情绪

当情绪处于崩溃边缘时，可以尝试大哭、倾诉、冥想等方式来释放情绪。通过这些方式宣泄出心里的苦闷情绪，心里会顺畅很多。如果负债逾期带来的心理压力过大，自己无法有效缓解，可以求助心理咨询师或专业的财务顾问。他们可以根据个人的具体情况，提供有针对性的心理辅导和财务建议。

向家人或朋友倾诉

当你面对负债压力时，不要独自承受，而是要勇敢地向家人或朋友倾诉。他们可能会给予你精神上的支持和鼓励，帮助你缓解情绪上的压力。同时，他们也可能会为你提供一些实际的帮助，如借款、推荐工作机会等。

如果你的身边没有可以倾诉的对象，也可以通过写日记的方式将内心的感受表达出来。在日记中，你可以尽情袒露真实的自己，卸下心灵的重负，让内心重归安宁。也许糟糕的情绪在不知不觉间就会消散，并为重新出发积蓄力量。

与借贷方积极沟通

你还可以积极地与借贷方沟通，坦诚地向对方说明你的困难，同时清晰地表达你的还款意愿，然后共同协商出切实可行的解决方案。事实上，大多数债权人或借贷平台，只要看到债务人表现出积极的还债态度，同时又具备相应的偿还能力时，往往会愿意与债务人进行协商。反之，如果债务人为了逃避债务，直接删除与债权人或借贷平台的各种联系方式，甚至选择失联，不仅无法解决债务问题，反而会让事情变得更加棘手。

此外，不要因为负债变得内心自卑或羞耻而拒绝社交，而是更应该敞开内心，与好友倾诉，还可以加入一些负债者互助小组，与其他有相同经历的人交流经验，互相鼓励，共同寻找解决问题的方法。在这个过程中，你会发现自己并不孤单，许多人都在同一条道路上努力前行，这将给予你极大的勇气和信心。

负债压力虽然巨大，但并非不可战胜。只要我们能够调整心态，勇敢面对，制订合理的还款计划，积极拓展收入来源，寻求社交支持，并保持健康的生活方式，就一定能够释放负债压力，摆脱情绪枷锁，重新找回生活的阳光和快乐。

课堂小延伸

债务之下，你的心情是否也经常焦虑不安呢？如果是的话，不妨选择文中几个缓解情绪的方法来帮自己摆脱负面情绪吧！

走出阴霾，改变负债者悲观心态

债务问题经常让我们陷入迷茫、自责、焦虑不安的情绪中，在这些悲观情绪的笼罩下，很多人的心态也会随之发生改变。害怕被债权人追讨债务，害怕失去现有的一切；整日忧心忡忡，丧失对未来的自信；目光总是局限在当下的困境，无法冷静地思考解决问题的方法……更有甚者，还会走上轻生这条绝路。

上海有一名男子欠银行贷款 42 万元，实在还不上了，就选择了自杀，自杀前留下的遗言是“人走债消”。但是银行却把负债人的继承人告到了法院，要求继承人在继承遗产之后，再归还银行的借款本息。这名男子生前也想不到“人走了债还不消”，选择用这样极端的方式结束了自己的生命，令人唏嘘。

悲观的心态，就像一场不散的阴霾，让人失去对未来的期待和信心，对自己的能力和环境持怀疑态度，仿佛生活永远陷入了暗无天日的黑洞，看不到一丝曙光。这种心态不仅会消磨你大量的精力和时间，还可能让你在工作或生活中频频出错，而每一次失误又会进一步加重无助与失望的情绪，形成一个恶性循环。

与之相反，积极的心态如同黑夜中的明灯，可以为我们照亮前行的道路。当我们身处困境时，它能让我们保持冷静，理性地分析问题，寻找解决债务的突破口。而且积极乐观的心态，还能帮我们在未来的人生旅途中发现新的机遇，让生活充满无限希望。

2018 年，曾经备受瞩目的锤子科技公司申请破产，随之而来的债务危机让执行董事长罗永浩卷入了巨额债务的旋涡。据罗永浩自己的说法，在债务最为严峻的时候，他背负的总金额竟超过了 13 亿元。

这样的巨额债务让罗永浩承受着巨大的心理与经济压力。但罗永浩并没有自暴自弃，而是以一种超乎常人的积极乐观与豁达直面债务，还经常在网络平台调侃自己的负债问题，还因此发了一篇名为《一个“老赖”CEO 的自白》的文章，声称自己会通过“卖艺”的方式偿还债务。

彼时，在个人破产制度的新政策出台后，不少人给他支着可以申请破产免除一部分债务，但是罗永浩并未申请个人破产，逃避债务，而是积极挣钱还债。这种乐观豁达的心态赢得了网友的好感，也让罗永浩的人气和粉丝量不断攀升。

2020 年，罗永浩准确抓住了平台社交电商发展的机遇，开启了属于自己的直播带货之路。罗永浩凭借着独特的个人魅力和出色的口才，很快就在直播带货领域成为头部带货主播。而这种方式也成了他偿还巨额债务的主要途径。2024 年，在综艺节目《喜剧之王·单口季》中，罗永浩自豪地宣布他已经成功还清了 8.24 亿元的债务。

这场与债务的艰苦较量，让我们见证了当事人在困境中不屈不挠、砥砺前行的精神力量。当然，更让我们认识到积极的心态所赋予的强大的行动力。当我们以积极的态度看待债务时，会将其视为一次成长的挑战，而不是无法逾越的鸿沟。这种心态会激发我们的潜能，促使我们主动去寻找各种可能的解决方案。比如，为了偿还债务，有的人会努力提升自己的专业技能，争取在工作中获得更好的晋升机会或更高的收入；有的人则会利用业余时间开展副业，拓宽收入来源。这些行动，都是源于内心深处对摆脱债务的坚定信念和积极的心态。

徐浩原本经营着一家小工厂，然而，一场突如其来的行业寒冬，加上原材料价格大幅上涨，让工厂陷入了困境，最终倒闭，徐浩也因此背负了高达50万元的债务。

面对巨额债务，徐浩没有逃避问题，更没有一蹶不振，而是以积极乐观的心态面对。白天，他去工地做小工，虽然又苦又累，但他从不抱怨。晚上回到出租屋，他利用自己以前在工厂积累的技术知识，在网上开设课程，分享机械维修技巧。刚开始，观看他课程的人寥寥无几，但徐浩始终保持积极的心态，不断优化课程内容，积极与学员互动。慢慢地，课程的口碑传播开来，报名学习的人越来越多。

随着线上课程收入逐渐增加，加上工地的收入，徐浩有了稳定的现金流。他制订了详细的还款计划，每月按时偿还债务。经过三年坚持不懈的努力，徐浩终于还清了所有债务。

如今，徐浩不仅摆脱了债务的束缚，还利用积累的资金和经验，重新开启了创业之路。

面对沉重的债务，积极心态的重要性不言而喻。积极的心态能够让你在困境中保持冷静，激发内在的潜能，获得更多的支持，从而找到摆脱债务的方法。当你学会用积极的心态看待问题时，你会看到自己在能力和毅力方面的提升，这些都是宝贵的人生财富。同时，你也要多与积极向上的人交往，他们的正能量会让你学会以积极的心态和思维方式去面对债务问题。只要我们拥有坚定的信念和积极的心态，就一定能在债务的暴风雨中，迎来云开雾散的美好未来。

课堂小延伸

如果悲观的情绪持续存在，并严重影响到你的生活质量，建议寻求专业的心理帮助。心理咨询师会根据你的实际情况，制定合适的治疗方案，逐步让你学会用更积极的方式应对迫在眉睫的债务问题。

一夜暴富，比负债累累更可怕

很多人一旦深陷债务的困境时，总是急迫地想找一条捷径，妄想能快速暴富解决当下的燃眉之急。这时，若是看到他人成功地实现了逆境翻盘，不少人甚至还会幻想自己也能一夜暴富。于是，彩票、股票、高风险投资这些标榜着能快速获取财富的方式，就成了他们眼中的救命稻草。

负债并不可怕，可怕的是失去理智，陷入一夜暴富的幻想之中。但这种急于求成的想法无异于是异想天开。而且现实已经无数次证明：这些所谓的致富途径不仅无法实现财富的快速积累，反而会让负债者赔得血本无归，债务更是像雪球一样越滚越多。

就拿彩票来说，中头奖的概率微乎其微，几乎可以忽略不计。无数人怀着一夜暴富的梦想，投入大量金钱购买彩票，最终却只能收获失望。赌博更是如此，它是一个布满诱惑与陷阱的深渊，一旦深陷其中，便难以脱身，最终只会债台高筑。

陈楠原本有一个幸福美满的小家庭，工作稳定，日子过得平凡又温馨。然而，一次失败的投资让他背上了几十万元的债务，几乎彻夜难眠。

一次偶然的机会，陈楠在网上看到了一则极具蛊惑性的游戏广告，声称“轻松赚钱，一夜暴富不是梦”，这让深陷困境的他仿佛抓住了救命稻草一样欣喜若狂，满心以为自己终于找到了摆脱困境的捷径。

起初，他还有些犹豫，但债务的压力和暴富的诱惑还是让他逐渐失去了理智。陈楠心想：不就是一款游戏，试一下又不要紧，说不定还能翻盘呢？于是，他怀着忐忑的心情，小心翼翼地在平台上充了 1000 元。

没想到，在游戏的第一局，陈楠就轻轻松松赢了 800 元。尝到甜头之后，他开始盘算起来：充 1000 元就能赢 800 元，如果充 10000 元就可以赢 8000 元，这样的话，岂不是只要多玩上几把，就能还清债务？想到这里，陈楠开始不断加大赌注，幻想着自己一夜之间就能还清所有债务。

但好运并没有一直眷顾他，很快，他就开始输钱。可他不甘心就这样放弃，总想着下一局就能赢了，甚至把之前输掉的钱都捞回来。于是，他越陷越深，不仅透支了所有的信用卡，还向亲朋好友借了不少钱，但最终也都输光了。

最后，债务像滚雪球一样越滚越多，陈楠输得血本无归。当催债电话一个接一个打来时，他才如梦初醒，原来自己早已陷入了赌博的陷阱，只是为时已晚。曾经温馨的家也因他的错误选择而变得支离破碎，家人的失望、朋友的指责，让他陷入了无尽的痛苦与悔恨之中。陈楠这才明白，妄图通过网络赌博实现一夜暴富，不过是一场彻头彻尾的噩梦。

在商业的浪潮中，许多创业者都曾面临过债务的巨大考验。然而，在还债的漫漫长路上，不少负债者往往心存侥幸，被虚幻的暴富梦迷了心智。特别是当他们看到那些打着“快速致富”旗号的诱惑出现在眼前时，往往会选择铤而走险，全然不顾前方可能是万丈深渊。

再加上如今网络骗术层出不穷，它们往往精准地抓住人们一夜暴富又想不劳而获的心理。那些看似诱人的“快速致富”陷阱，诸如虚假投资、高额回报骗局等，不知让多少人在冲动之下陷入更深的债务深渊，血本无归。

在摆脱债务的这条路上，永远都没有捷径可走。唯有脚踏实地地奋斗，才是脱离困境、偿还债务的正途。摒弃不切实际的幻想，通过辛勤工作、合理规划收支，逐步积累财富，才能稳步解决债务问题，在困境中开辟出一条通向财务自由的道路，让生活回归正轨。

而且无数负债翻盘的企业家们也用他们的亲身经历告诉我们：负债后千万不要有一夜暴富的幻想，而是要保持清醒的头脑，不被所谓的“快速致富”所诱骗，同时做到用破局的思维去拆解困境，这样，才能在逆境中找到生机，最终开辟出一条通往财务自由的康庄大道。

课堂小延伸

有句话说：“穷时莫信三事：一夜暴富的事，随波逐流的事，模棱两可的事。”身处困境时，更要保持清醒，不被虚幻的暴富梦迷惑。

珍视信用羽毛，它是你负债翻盘的法宝

当深陷债务困境时，很多人脑海中最先浮现的念头便是逃避。他们切断与外界的联系，电话不再接听，短信也不再回复，就像一只受惊的鸵鸟，一头扎进沙堆里，妄图用这种方式躲开追债的纷扰。本着“虱子多了不咬人，债多了不愁”的心态，当起了“老赖”。殊不知，这样做只能让自己陷入无可逆转的余地，只有正视债务问题，坚守诚信，才能一步步走出债务问题。

《青年时报》曾经报道过这样一篇新闻：浙江一位考生成功地被北京的某所知名大学所录取，这本是一件值得全家人欢庆的喜事，结果却因父亲的失信行为，让录取一事横生波折。

原来该考生的父亲曾拖欠银行20万元贷款长达两年多，而且面对银行的多次催款，他始终拒不履行，结果被纳入失信被执行人名单。到了高考放榜日，他的儿子顺利收到大学录取通知，然而就在一家人沉浸在喜悦之中时，该所大学却发出这样一则通知：“我校在进行资格审查时，发现您的父亲存在失信行为，请立即处理，否则我校将不予录取您。”这则通知如同一盆冷水，瞬间浇灭了他们的喜悦。

得知这一消息后，原本还心存侥幸的父亲追悔莫及，他立刻联系银行，当天就还清了欠款。不仅如此，这位父亲还心急火燎地给法院打去电话，恳请法院尽快将自己从失信名单中删除。

面对债务问题，很多借贷人抱着侥幸心理躲了起来，以为可以通过转移财产、藏匿和变卖财产来逃避法院的起诉。其实根据《关于对失信被执行人实施联合惩戒的合作备忘录》，失信被执行人被惩处措施高达55项。这55项可以说基本上覆盖了一个人需要社会生存的方方面面。成为失信被执行人会面临一系列的限制和惩罚，因此面对债务问题应该积极应对，解除失信难题，回归正常生活。

瑞士哲学家阿米尔所说：“信用就像一面镜子，只要有了裂缝就不能像原来那样连成一片。”可见，信用一旦受损，就难以修复如初。

事实上，陷入债务危机时，良好的信用反倒能为我们争取到宝贵的时间，以及更有利的还款条件。而且债权人在评估债务人的还款能力和还款意愿时，信用也是一个重要的考量因素。若是债务人始终都保持着良好的信用记录，债权人往往更愿意给予其一定的宽容和支持，帮助债务人渡过难关。

因此，面对债务问题时，我们应该积极应对，主动与债权人沟通协商，努力解决失信难题，这样才能早日回归正常生活。

冯志因购房背负了沉重的房贷，又不幸遭遇失业，一时间陷入了债务困境。但他始终牢记信用的重要性，即使生活再艰难，他也从未逾期偿还房贷。他积极寻找工作，同时利用业余时间做兼职增加收入。结果，冯志的守信行为得到了银行的认可，在了解到他的实际困难后，银行同意为他调整还款计划，延长还款期限，降低每月还款金额。这让冯志得以缓解经济压力，顺利度过了失业期，重新找到了工作，逐步还清了房贷。

一个守信、遵守承诺的人，往往能赢得他人的信赖与敬重。每一次诚实守信的表现，都像是在人生道路上铺设一块坚实的基石，助力他们稳步迈向更高的台阶。信用，虽然无法直接用金钱衡量，但其所营造的社会支持体系和紧密的人际网络，却拥有无可估量的价值。在关键时刻，这些珍贵的关系会化作强大的力量，为我们提供宝贵的帮助与支持。或许是资金上的周转，或许是精神上的鼓励，又或许是关键的人脉引荐，这些都能转化为实实在在的财富，助力我们跨越生活中的重重难关，走向更加美好的未来。

面对债务危机时，要坚守信誉原则。即使面临巨大的压力，也不能选择逃避或违约。要积极与债权人沟通，坦诚地说明自己的困境和还款计划，争取对方的理解和支持。同时，要全力以赴地履行还款承诺，哪怕每次只能偿还一小部分，也要让债权人看到自己的诚意和努力。

可以说，信誉在扭转债务危机中具有不可替代的重要作用。它是一种无形的资产，能够为我们争取时间、获得资金支持、维护形象，帮助我们在困境中找到出路。无论是企业还是个人，都应该重视信誉的建立和维护，将其视为人生和事业发展的基石。

课堂小延伸

爱惜羽毛，珍视信用。面对债务，一定不要逃避当“老赖”。一旦失信，将无法乘高铁、坐飞机、买房、消费，工作中涉及招标投标也受限，甚至还将不能报考公务员、不能参评一些荣誉和奖励等。

财富名言

- 当负债累累时，要明白“逆境”取决于心态，只要精神不“破产”，就有翻身机会。

- 生意失败负债后要接受现实，保持积极心态，把失败当作成长机会。

- 一个创业者最重要的，也是你最大的财富，就是你的诚信。

- 一切的成就，一切的财富，都始于一个意念，面对债务，积极的心态就是改变的起点。

- 卓越的人一大优点是：在不利与艰难的遭遇里百折不挠，面对债务压力，坚持就能迎来曙光。

第二章

正视债务

想要翻盘就要敢做个勇士

在生活中，不少人正深陷负债的泥沼。当面对负债现状时，应该理智分析债务问题，全面梳理债务，精确厘清每一笔债务的来源、利率以及还款期限，冷静权衡债务产生的影响，尽可能将负面影响降到最低。根据自身的收入与支出状况，制订科学合理的还款计划，逐步摆脱负债的枷锁，让生活回归正轨，迈向财务健康的康庄大道。

追根查源：全面分析债务情况

当今社会中，个人债务已成为许多人生活中绕不开的一个话题。随着金融市场的不断发展，贷款消费、信用支付等方式日益普及，个人债务的产生场景愈发多元。无论是为了实现购房、购车的梦想，还是为了承担教育费用，甚至是因突发状况而导致的资金短缺，债务都可能不期而至。

为了帮你清晰地认识负债，找到解决债务问题的有效办法，实现更有效的财富管理，全面冷静地剖析负债产生的原因至关重要。下面就从三个方面，深入剖析负债产生的原因。

消费观念与消费习惯

现代消费文化的盛行，使得人们的消费观念发生了巨大变化。信用卡、分期付款、网络借贷等消费方式的普及，为人们提供了便捷的消费途径，却也在一定程度上助长了过度消费的风气。

许多人在追求物质享受的过程中，往往忽视了自身的还款能力，盲目跟风购买超出经济承受范围的商品和服务，从而导致债务累积。例如，一些年轻人为了追求时尚潮流，频繁购买名牌服装、电子产品，通过分期付款的方式满足消费欲望，却未曾考虑到每月还款压力对个人财务的影响。

不可预知的重大事件

生活中不可预见的重大事件，如疾病、失业、意外事故等，常常会给个人和家庭带来沉重的经济负担。一场突如其来的大病，可能需要支付高额的医疗费用，若没有足够的储蓄或医疗保险做支撑，就不得不依靠借贷来维持治疗。

同样，失业会导致收入中断，而生活开支却不会因此减少，为了维持生计，人们可能不得不借债度日。这些因生活重大事件引发的债务，往往具有紧迫性和不可控性，给个人带来巨大的经济压力。

投资与创业失败

在追求财富增长的道路上，许多人选择投资或创业。然而，投资和创业往往伴随着风险，并非所有人都能成功。一些人在缺乏充分市场调研和专业知识的情况下，盲目进行投资，如购买股票、基金、房产等，一旦市场行情下跌，投资资产价值很可能就会缩水，不仅无法实现预期收益，还可能导致本金亏损，背负债务。而且投资或创业本身就存在复杂的风险，包括市场竞争、资金短缺、管理不善等，稍有不慎很可能就会血本无归，还可能因债务纠纷而陷入更糟的困境。

俗话说："亡羊补牢，为时不晚。"分析负债原因，为的就是"对症下药"，查漏补缺，做好债务管理。而了解自己到底欠了哪些钱，无疑是做好债务管理的第一步，只有把这一步捋清了，才能帮你科学地管理债务，降低债务带来的风险，最终迈向财务理想的状态。

为此，你可以先编制一份详尽的"财务分析表"，它能成为你了解自身财务状况的有力工具，帮助你对每一项资产、每一笔负债都有清晰的认知，进而全面洞察自身的财务状况。

图 2-1 是张女士的月财务分析表，通过这张表，我们能清晰地看到张女士的收入和支出明细。

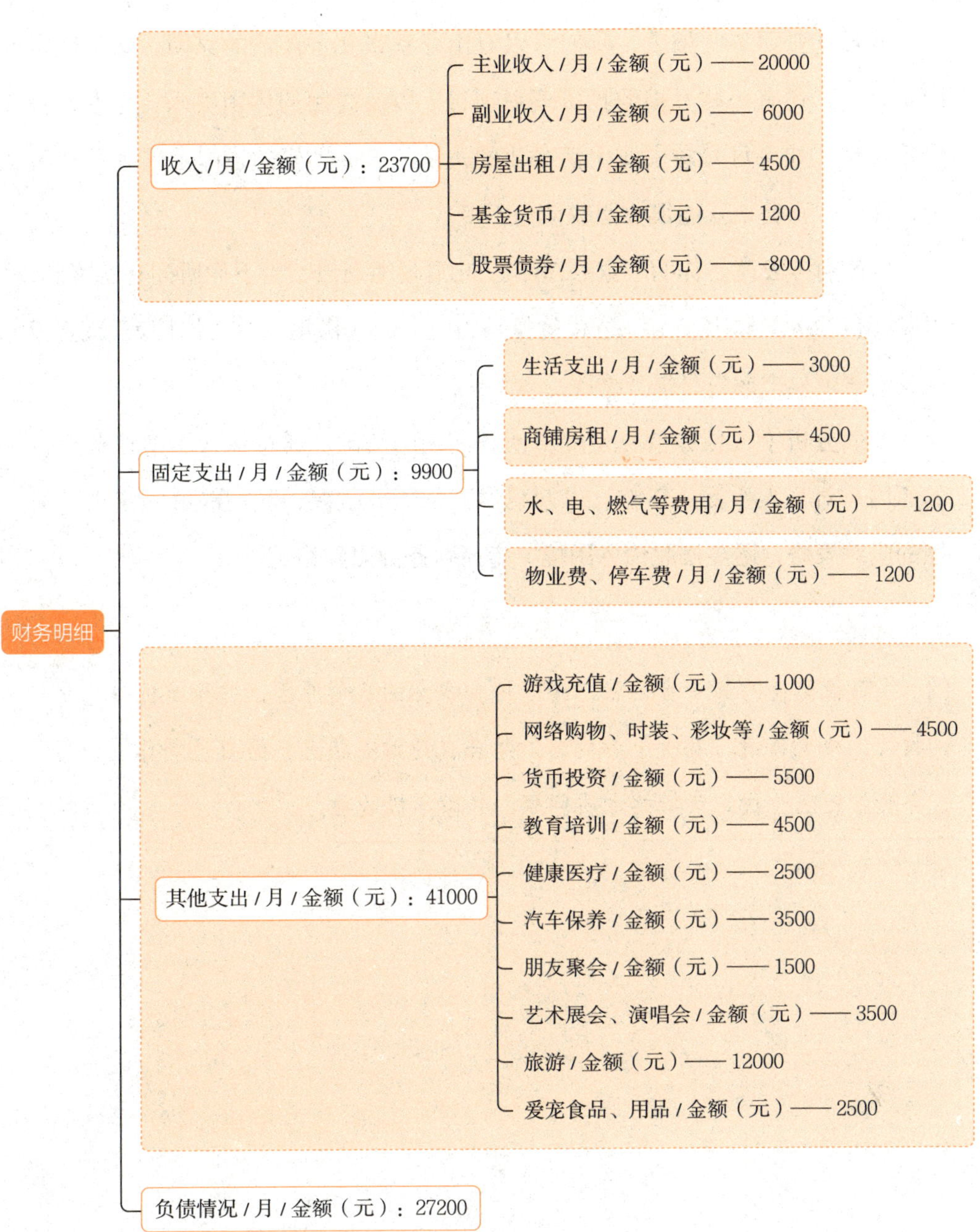

财务明细
收入 / 月 / 金额（元）：23700
主业收入 / 月 / 金额（元）—— 20000
副业收入 / 月 / 金额（元）—— 6000
房屋出租 / 月 / 金额（元）—— 4500
基金货币 / 月 / 金额（元）—— 1200
股票债券 / 月 / 金额（元）—— -8000
固定支出 / 月 / 金额（元）：9900
生活支出 / 月 / 金额（元）—— 3000
商铺房租 / 月 / 金额（元）—— 4500
水、电、燃气等费用 / 月 / 金额（元）—— 1200
物业费、停车费 / 月 / 金额（元）—— 1200
其他支出 / 月 / 金额（元）：41000
游戏充值 / 金额（元）—— 1000
网络购物、时装、彩妆等 / 金额（元）—— 4500
货币投资 / 金额（元）—— 5500
教育培训 / 金额（元）—— 4500
健康医疗 / 金额（元）—— 2500
汽车保养 / 金额（元）—— 3500
朋友聚会 / 金额（元）—— 1500
艺术展会、演唱会 / 金额（元）—— 3500
旅游 / 金额（元）—— 12000
爱宠食品、用品 / 金额（元）—— 2500
负债情况 / 月 / 金额（元）：27200

图 2-1

通过这张财务明细表，我们可以看出导致张女士负债的原因，除了固定消费以外，还有一些亏损的投资理财项目，以及高额的休闲娱乐、旅游、社交等花销，如果每月省去非生活必要的花销，养成良好的理财习惯和消费习惯，那么，张女士就能很快摆脱债务困境。

资产财务表就是你的“家底清单”，它清晰地列出了当下你所拥有的资产，以及背负债务的原因。这一过程就像是为财务健康搭建一份“体检表”，能帮助我们清晰地把握自身债务情况。

全面分析个人债务情况是解决债务问题的基础。通过深入了解债务产生的原因、对个人生活的影响，以及科学评估债务状况，我们能够制定出针对性的应对策略，逐步摆脱债务困境，走向财务健康和稳定。

课堂小延伸

负债翻盘的第一步，就是清晰地查找你的负债原因，并尽可能地增加收入，减少负债。基于上诉内容，结合自身财务状况，给自己制作一份财务明细表吧，找到负债的本质问题，并做积极改善。

权衡轻重：分析债务产生的影响

生活中负债一旦形成，便如同投入平静湖面的石子，会在个人生活的各个层面激起层层涟漪。深入剖析这些影响，权衡其中的轻重，对于个人的财务规划与人生走向有着不可忽视的重要意义。

全面分析每家债权平台产生债务的影响，这样能方便我们判断债务的轻、重、缓、急，从而将负债产生的负面影响降到最低。

在日常生活中，房贷、车贷、小额贷款、网络贷款以及信用卡欠款等债务关系极为常见。接下来，我们将深入剖析这些债务产生的具体影响，从经济层面、还款压力、信用风险等多个维度，为你呈现清晰且全面的解读，助你透彻了解债务状况，理性应对财务问题。

还款期漫长的房贷、车贷

在当今这个时代，很多人的生活都离不开银行贷款。就拿房贷、车贷来说，都是常见的贷款类型。这类贷款一般涉及的金额都不小，贷款期限也比较长。这就意味着每个月的还款金额相对较高，严重影响个人手头的资金周转。一旦背上贷款，可支配资金会大幅减少，生活质量也可能受到一定程度的影响。同时，虽然银行贷款利率相对稳定，但总体利息支出可能会随着贷款期限的延长而增加。

2025 年 1 月，阿龙买了一套价值 100 万元的房子，交了 30 万元首付后，剩下的70万元选择银行贷款，贷款期限是30年。

如果年利率按4%来算，那么阿龙需支出的总利息为“本金 × 年利率 × 贷款期限”，算下来约80万元左右。这就意味着，阿龙要想负担这笔贷款，就必须拥有稳定的收入，并且每月按时还款。一旦阿龙工作不稳定，收入失去保障，贷款便会成为沉重的负担。因此，在贷款之前，我们务必要充分评估自己的还款能力，做好财务规划，不然以后的日子会很难熬。

信用层面影响：银行与央行征信系统紧密相连，在银行产生负债后，若是不能按时足额还款，将会在个人征信报告上留下不良记录，不仅影响未来的金融活动，如贷款时银行可能提利率、降额度甚至拒贷，信用卡申请受阻、额度降低，还会使租房、买保险等与信用挂钩的社会服务面临高成本或被拒，所以一定要谨慎对待房贷、车贷这类负债。

灵活应急的小额贷款

如果你有临时性、小额资金方面的周转需求，可以考虑小额贷款。这类贷款一般是指向民间的借贷公司申请的贷款业务。因其申请流程简便、放款速度快，成为很多人解决燃眉之急的选择。不过，小额贷款的利率普遍高于银行贷款利率。这意味着，借款人在享受小额贷款便捷性的同时，也要承担相对更高的资金使用成本。

小赵是一个个体工商户，他因店铺装修急需一笔资金，于是向小额贷款公司申请了10万元贷款，贷款期限为1年。该小额贷款公司给出的年化利率为24%，采用等额本息还款方式，就是在还款期内，每月偿还同等数额的贷款（包括本金和利息）。

根据等额本息还款公式，小赵每月需还款约 9040 元，一年下来累计还款约 108480 元，需支付的总利息约为 8480 元。

在这个案例中，小赵通过小额贷款快速解决了迫在眉睫的资金需求问题，但相比银行贷款，他也承担了更高的利息成本，这就进一步压缩了可支配资金。所以在选择小额贷款时，借款人一定要充分考虑采用自身的还款能力和资金使用成本，谨慎做出决策。

信用层面影响：部分小额贷款公司接入了央行征信系统，一旦出现逾期还款，同样会对个人征信产生负面影响。即便一些小额贷款公司未接入央行征信，但可能会与其他民间征信机构合作，不良的还款记录会在这些机构的数据库中留存，这也可能影响借款人在其他金融机构的信用评估。

由上述分析来看，小额贷款申请简单灵活，但利率高。如果你考虑采用小额贷款解燃眉之急，要务必谨慎权衡利弊，全面考量自身的还款能力与资金需求。

动动手指就能申请的网络贷款

网贷平台相信你也不陌生，只要打开手机，各类网络借贷广告便铺天盖地而来。像支付宝的“借呗”、京东的“金条”，甚至点个外卖，平台也会向你提示它的“生意贷”。这些网贷平台模式丰富多样，无一不主打方便快捷。只需动动手指，就能迅速借到款项，可以说，这些网贷平台为人们提供了极大的便利。

然而，在看似便捷的背后却隐藏着不容忽视的风险。这些网络借贷平台大多提供短期小额贷款，还款期限极为短暂，利率还相当高，并且常常以日息或周息来计算。这就意味着，借款人看似能在短时间内轻松借到钱，却要承受高额的还款压力，稍有不慎，很可能就会陷入债务的恶性循环。

大鹏急需用钱，在号称“借款不求人”的网贷平台借了 2 万元，借款期限 7 天，年化利率却高达上千倍。首次还款后，因资金周转困难，且尝到网贷“甜头”，他继续借款，还辗转多个高息网贷平台，陷入以贷养贷。随着借款次数增多，本息不断累积，他每月大部分收入都用于还贷。最终，大鹏无力承担高额还款，逾期后催收电话不断，个人信用受损，还面临被起诉的风险，债务问题愈发严重。

此案例中的大鹏就是在网络上贷的“714 高炮网贷”，借款期限为 7 天或 14 天，年化利率却高达上千倍。借款人在借款后，若不能按时还款，逾期费用和利息会迅速累积，债务雪球越滚越大。而一些正规网贷平台，虽然利率相对较低，但由于借款方便，借款人可能会过度借贷，导致债务负担超出自身承受能力。

信用层面影响：正规网贷平台大多接入了央行征信系统或其他权威征信机构，逾期还款会对个人信用造成严重损害。此外，网贷平台之间存在信息共享机制，在一个平台出现逾期，可能会被其他平台知晓，从而影响借款人在其他网贷平台的借款申请。一些非正规网贷平台虽然不接入主流征信系统，但会通过一些灰色渠道共享借款人信息，可能会对借款人的个人信息安全造成威胁。

依据《中华人民共和国民法典》和《最高人民法院关于审理民间借贷案件适用法律若干问题的规定》，年利率超过 36% 的利息属于高利贷，超过部分的利息约定无效：借款人已支付的，可以要求出借人返还；未支付的，法院不予支持。

此外，小额贷款的合法利率标准还可以参考合同成立时一年期贷款市场报价利率的四倍。超过此界限的利率将被视为高利贷，不受法律保护。

因此，当你在面对网贷平台暴力催债也不用慌，先检查他们在利率方面是否违法违规，找到违法违规的证据，可与网贷平台协商，对于不合法的贷款利率可以拒不支付。

过度刷信用卡预支未来的钱

信用卡也是一种广泛使用的支付工具，虽然具有先消费后还款的特点，假如你过度消费且没有按时还款，会产生高额的利息和滞纳金。信用卡的利息通常按日计算，年化利率较高，如万分之五的日息，换算成年化利率接近18%。同时，若持卡人选择最低还款额还款，虽然可以避免逾期，但未偿还部分会继续产生利息，导致还款成本不断增加。长期以最低还款额还款，会使债务长期处于循环状态，难以还清。

信用层面影响：信用卡还款记录直接与个人征信挂钩，逾期还款会在征信报告上留下不良记录，影响个人信用评分。信用评分的降低会对个人未来的贷款、信用卡申请等金融活动产生负面影响。此外，信用卡发卡行还会根据持卡人的用卡情况和信用状况，对信用卡额度进行调整。若持卡人出现逾期还款等不良行为，信用卡额度可能会被降低，甚至被冻结。

不同债权机构在我们产生负债后，会从经济、信用、催收等多个维度产生影响。在经济层面，高利率与复杂的还款规则，会让债务雪球越滚越大；在信用方面，逾期还款将在个人征信上留下不良记录，限制后续金融活动；

在催收环节，不规范的催收手段还可能严重干扰日常生活。所以，在与债权机构建立债务关系前，一定要全面了解背后潜在的影响，深入分析每一项条款，权衡收益与风险。切不可因一时之需，盲目借贷，只有谨慎决策，才能避免陷入债务困境，守护好个人财务健康。而一旦陷入负债困境，也需要根据不同债权机构的特点，制订合理的还款计划，积极与债权机构沟通协商，寻求最佳的解决方案，以减轻负债带来的负面影响，维护自身的合法权益和财务稳定。

课堂小延伸

基于上述内容，请根据信贷平台的规定及产生的影响程度，依照轻重缓急罗列你目前所有债务若发生逾期可能面临的负面影响。

梳理债务明细，掌握财务脉络

现在你已经清楚知道自己有多少钱、欠多少钱，接下来一个重要的任务就是认真梳理一下自己的债务状况。全面分析个人债务情况，是摆脱债务泥沼的关键第一步，它能帮你清楚知道自己到底欠了多少钱，以后该怎么还钱。对于个人而言，知晓信用卡、房贷、车贷等各项债务的具体情况，能合理安排每月工资，确保各项债务按时足额偿还，避免因逾期还款而产生高额罚息与信用污点。而且把债务情况搞清楚了，还能帮你制订出更合理的财富管理计划，让你的钱越花越明白。

全面分析个人债务情况是解决债务问题的基础。它不仅能帮你清晰地看到自己的债务全貌，还能基于这些分析，制定出有针对性的应对策略。比如，优先偿还高利息债务，增加收入来源等。下面，就为你详细阐述一下梳理个人债务状况的具体方法和步骤。

全面收集债务信息

对于个人来说，需要全面整理与债务相关的各类文件，这其中涵盖信用卡账单、银行贷款合同、网络借贷协议，还有向亲朋好友借款时立下的借条，等等。这些文件是债务信息的直接来源，在收集时，务必确保全面细致、没有遗漏。

同时，随着金融借贷形式的日益多样化，电子支付平台的借款情况也不容忽视。像支付宝的“借呗”、微信的“微粒贷”这类常见的线上借贷产品，你需要仔细核对借款记录，避免因疏忽而遗漏了某些债务信息。只有全面、精准地收集债务信息，才能为后续债务的梳理与妥善处理打好基础。

构建清晰框架，直观呈现债务详情

在收集完所有债务信息后，你可以创建一份详细、清晰的债务清单。债务清单应涵盖债权人姓名或机构名称、债务金额、借款日期、还款期限、利率、还款方式等核心要素。

若债务存在担保或抵押情况，也必须在清单中详细记录相关信息。例如，你在记录房贷时，不仅要明确贷款金额、利率和还款期限，还需注明抵押物的具体信息，如房产地址、评估价值等。通过这样一份全面、详细的债务清单，你能够一目了然地了解所有债务的基本情况，为后续的债务管理和决策提供清晰的依据。

持续动态更新，紧跟债务变化节奏。

下面是韩先生给自己制作的一份债务明细表，通过这张明细表，债务问题一目了然，而不是一团乱麻。

表 2-1　债务清单表

债权人名称	债务金额	借款日期	还款期限	利率	还款方式
银行 A	50000 元	2023 年 12 月	24 个月	年化利率 4%	等额本息
网贷平台 B	10000 元	2024 年 3 月	24 个月	年化利率 10%	先息后本
信用卡 C	25000 元	2024 年 9 月	12 个月	月利率 0.6%	等额本息
朋友 D	5000 元	2024 年 12 月	无明确期限	无	不定期还款

全面收集债务信息、构建清晰的债务清单，并持续动态更新，可以帮你牢牢掌握债务的主动权。当然，在此过程中，你需保持冷静、理性，不被债务的压力击垮。同时，由于债务情况并非一成不变，随着时间的推移、还款的进行以及市场环境的变化，债务明细也会不断发生改变。因此，你需要养成根据实际情况，不断核对和更新债务明细的习惯，以确保债务信息始终准确、有效。

计算债务收入比

债务收入比是衡量个人债务压力的重要指标，主要评估家庭能否承担当前的负债水平。这个指标的计算很简单，只要把你每个月要还的钱，除以每个月挣的钱，得出的比例就是债务负担比例。

债务收入比 =（每月债务还款总额 / 每月总收入）×100%

一般来说，合理的债务收入比应控制在一定范围内，一般参考值是30%~40%。如果你的债务收入比低于 40%，说明你目前能够应付债务；如果你的债务收入比超过 40%，则意味着你的还款压力较大，负债已超过你的经济承受能力，为此你需要谨慎调整财务规划，避免债务风险进一步加剧。

分析债务利率水平

不同类型的债务，其利率水平往往有着较大的差异。像信用卡欠款、民间借贷等都属于高利率的债务，利息一般都比较高，这就无形中增加了还款成本，加重了债务负担。因此，在梳理个人债务情况时，一定要算清每笔债务的利息是多少，优先偿还高利率债务，以减少利息支出。

评估债务的稳定性

梳理个人债务时，你不仅要清楚自己的债务状况，了解还款压力，还需提前做好资金规划，避免因还不上钱而陷入困境甚至破产。

例如，如果你有一笔固定利率的债务，由于还款金额和时间都相对固定，这样你就可以事先规划好生活，安排储蓄和投资；但如果你有一笔浮动利率的债务，由于还款金额会随着市场利率的变化而波动，这就增加了不确定性和风险。一旦市场利率涨了，还款金额就会增多，这时若是你的收入没有跟着涨，生活压力就会增大，引发更多的不确定性和风险。

债务情况并非一成不变，随着时间的推移、还款的进行以及市场环境的变化，债务明细会不断发生改变。因此，持续定期更新债务明细是确保债务信息始终准确、有效的关键。对于个人而言，应养成每月核对和更新债务明细的习惯，根据当月的还款情况、利息计算以及可能出现的债务变动，及时调整债务清单中的数据。

通过全面收集债务信息、构建清晰的债务清单并持续动态更新，我们能够牢牢掌握债务的主动权，为实现个人财务自由和企业可持续发展筑牢稳固的财务根基。在复杂多变的经济环境中，唯有将债务明细了然于心，才能在债务的浪潮中稳健前行，驶向财务健康的彼岸。

课堂小延伸

根据上述内容，请你也制作这样一份全面、详细的债务明细吧！可以让你一目了然地了解所有债务的基本情况，为后续的债务管理和决策提供清晰的依据。

科学优化债务，实现轻松上岸

当财务开始入不敷出时，很多借款人选择拆新还旧、以贷养贷，导致债务不断翻倍增长，更有人甚至不惜冒着违法的风险去养卡套现。这些都是错误的操作，而债务优化解决的就是负债累累、入不敷出的还款压力问题。

其实，面对债务困境，债务优化才是更明智的选择。债务优化是通过合理、合法、合规操作，通过资产变现、债务重组、低息贷款等方法，减少个人名下债务和还款压力。简单来说，就是不改变原有的债务结构，将债务重新进行分解和梳理，并且制定一套适合自己的债务方式。那么，我们应该从哪些方面进行优化债务呢？可以按照以下五个方案进行债务优化，即可有效地改善债务压力。

调整债务期限

债务期限结构是指不同期限的债务在总债务中所占的比例。优化债务期限结构可以降低债务风险，提高资金的使用效率。具体来说，可以根据实际情况，适当增加长期债务的比例，以减轻短期的偿债压力，同时保持一定的短期债务，以确保资金的流动性。

抵押贷款置换信用贷款

抵押贷款的优势在于比信用贷款的额度更高，期限更长，利率更低，而且还款方式更灵活。所以遇到要使用大额资金和长期资金的情况，优先考虑抵押贷款。如果已经有一部分信用贷款了，可以用抵押贷款来替换，这样才能让自己的资产最大化使用。

优化债务工具

债务工具结构是指企业使用的不同债务工具的比例。优化债务工具结构可以降低融资成本，提高融资效率。可以根据市场环境和自身情况，选择合适的债务工具进行融资，如债券、银行贷款、商业信用等。同时，也可以考虑使用混合融资工具，如可转换债券等，以降低融资成本并增加融资的灵活性。

优化债务结构

债务优先结构是指不同优先级的债务在总债务中所占的比例。优化债务优先结构可以降低偿债风险，提高企业的信用评级。可以根据实际情况，合理安排不同优先级的债务比例，以确保在偿债过程中能够优先偿还高优先级的债务，从而降低偿债风险。

优化债务利率

低息贷款代替高息贷款最直接、最明了的效果就是还款利息减少，特别是针对长期和大额的贷款，就算是降低了 1% 的年化利率，那也能节省很大一笔钱。

对于个人来说，关注银行推出的优惠贷款政策，利用公积金贷款买房而非商业贷款等，都是降低债务利率的有效途径。同时，若已有高利率债务，可尝试与债权人协商降低利率，或通过债务重组，将高利率债务转换为低利率债务。

优化债务结构需要从多个方面进行综合考虑和调整，以达到降低融资成本、提高资金使用效率和降低财务风险的目的。同时，在优化债务结构的过程中，企业需要密切关注市场环境和自身情况的变化，及时调整债务结构以适应新的形势和需求。

需要注意的是，虽然上述法律依据中并未直接提及优化债务结构的具体方法，但《中华人民共和国预算法》中关于举借债务应当控制适当的规模、保持合理的结构的规定，以及《中华人民共和国企业破产法》和《中华人民共和国民法典》中关于债务清偿和债权代位权的规定，都为优化债务结构提供了法律支持和指导原则。因此，在优化债务结构的过程中，应遵守相关法律法规的规定，确保合法合规地进行融资和偿债活动。

课堂小延伸

科学优化债务是一个很好的解除债务压力的工具，阅读完文中的这几个优化债务的方案，请根据自己的债务情况，落实每一项方案，来减轻债务压力。

分析个人资产，激活财务新局面

上文提到，负债可能会突如其来地打乱我们的财务节奏。当陷入负债困境时，许多人往往将目光聚焦于债务本身，却忽略了对个人资产情况的深入分析以及资源整合的重要性。事实上，全面且精准地剖析个人资产，合理整合各类资源，不仅有助于我们更清晰地认识自身财务状况，还能为走出负债阴霾提供有力的支撑。

个人资产管理是一个综合性的过程，它涉及对个人财务资源的有效规划、监控和调整，以确保财务健康、资产增值以及实现个人或家庭的长期财务目标。以下是关于个人资产管理的总结，通过固定资产、流动资产、无形资产三个方面深度分析，为个人财务管理提供指导。

固定资产

通常，固定资产是个人资产的重要组成部分，其中房产最为典型。当身负债务时，详细评估房产价值至关重要。要考虑房产的市场价格波动，所处地段的发展潜力，以及房屋的折旧情况等。

李峰拥有一套位于城市新兴发展区域的房产，随着周边基础设施的不断完善，其价值可能处于上升趋势。然而，天有不测风云，他的家人生了一场大病，一家人背负了沉重的债务，在权衡利弊后，李峰将房子卖掉以缓解债务压力。

从上面故事的经历可以看出，负债时精准评估房产价值，结合实际做决策，对解决债务问题十分关键。除房产外，车辆也属于固定资产范畴。车辆的价值会随着使用年限和行驶里程的增加而大幅下降。在负债时，需明确车辆的当前市场价值，以及它在日常生活中的实际功用。若车辆使用率较低，且维护费用高昂，你不妨将其出售或通过共享汽车平台出租，以获取额外资金用于债务管理。

流动资产

现金及银行存款是流动资产的核心部分。在负债状态下，你要清楚了解自己手头现金的数量，以及银行账户中的余额。这部分资金应优先保障基本生活开销以及必要的债务偿还。同时，关注银行存款的利率情况，若有闲置资金，可通过合理的理财规划，如购买短期低风险理财产品，使其在安全的前提下实现一定的增值。

各类投资产品，如股票、基金、债券等，也是流动资产的重要构成。对于股票投资，要深入分析所持股票的公司基本面，包括盈利能力、市场竞争力以及行业前景等。若部分股票长期处于亏损状态，且公司经营状况不佳，你可以考虑适时抛售，避免进一步的损失。而对于基金投资，要根据基金的类型、业绩表现以及市场趋势进行评估。对于一些表现稳定但收益较低的债券基金，可继续持有以获取稳健收益；对于高风险高收益的股票型基金，若市场行情不佳，可适当减仓。

无形资产

在个人的资产体系中，一个人的知识、技能以及专业资质这些无形资产同样不容忽视。充分挖掘这些无形资产的价值，对个人的发展至关重要，尤其是在负债的情况下，当你没有固定资产可用于抵押贷款时，你的这些无形资产可能就是你实现翻身的关键因素。

例如，如果你有会计师资格证，可以利用业余时间承接一些财务咨询或代理记账的工作，增加收入来源。如果你擅长编程技能，可通过网络平台参与项目外包，获取报酬，缓解经济压力。

此外，人脉资源同样是一项重要的无形资产。良好的人脉关系可能为我们带来新的工作机会、合作项目或债务协商的便利。积极维护和拓展人脉，在关键时刻可能会发挥意想不到的作用。古语说："世有伯乐，然后有千里马。"在这个信息爆炸的时代，你得有一双发现资源价值的慧眼，精准辨别哪些人脉资源是真正有价值的，如此，才能在负债的困境中找到更多的转机和可能。

在全面分析个人资产的基础上，制定有针对性的激活策略。对于闲置的固定资产，考虑出租或合理处置，转化为流动现金。针对金融资产，依据市场行情与个人风险承受能力，优化配置比例，提升资产回报率。此外，挖掘自身无形资产，如专业技能、知识储备，通过兼职、知识付费等方式变现，开辟新的收入渠道。当我们深入剖析个人资产并积极行动，就能成功激活财务新局面，让财富朝着更稳健、更丰厚的方向发展。

在负债的情况下，对个人资产情况进行深入分析并合理整合资源，是走出困境、实现财务健康的关键步骤。通过对固定资产、流动资产和无形资产的全面梳理，以及资产与债务、资源利用、时间精力等方面的有效整合，我们能够更加从容地应对负债挑战，为自己创造一个更加稳定、可持续的财务未来。

课堂小延伸

阅读完本章内容，你是不是发现原来还是有很多资源可以开发利用的？快拿起纸和笔，给自己的资产列个清单吧！用这些资产产生变现，帮助自己快速走出债务困境。

财富名言

- 管理债务就像管理团队，明确目标，合理分配资源，才能高效达成。

- 面对债务要看清事情本质，找到问题根源和不变量，比如缺乏财务规划是很多人负债的根源，而努力提升自身价值、增加收入来源是解决债务的关键。

- 学会复盘，形成“事情 + 做错了什么 + 为什么 + 解决办法”的闭环，避免重蹈覆辙。

- 负债时要评估债务状况，制订还款计划，优先偿还高利率债务，还要减少开支，增加收入。

- 债务不是问题，问题是你如何处理它们。

第三章

困境重生

精准制定你的债务优化策略

每个人的一生，或多或少都有负债的时候。其实，负债并不可怕，不要因为负债而背负很大的心理包袱，而是应该正视负债，调整心态，合理规划财务并制订计划，学习理财知识，保持健康生活和提升自我。保持积极和努力的心态，开启属于自己的逆袭之路。

做好财务计划，助你逆风翻盘

面对债务，制订详细的财务计划是走出困境的重要一步。通过全面梳理债务状况、规划还款路径、合理安排收支等一系列操作，你可以有条不紊地应对债务挑战。这不仅能帮助你顺利地实现债务偿还目标，还能重新踏上未来的财务健康之路。在执行财务计划的过程中，你需要持之以恒，同时根据实际情况灵活进行调整。

现在，你不妨找个安静的角落，备好纸笔，将计划清晰地写在纸上吧！也许很多人没有写计划的习惯，更不知道计划里应该写什么？其实，一份有效的债务应对计划，只需清晰列出四个核心步骤：盘点收入和梳理债务、开支预算、还款目标以及还款计划。通过落实这四个步骤，你能够精准把控财务状况，逐步化解债务压力，重新拥抱财务健康与自由。

梳理债务和盘点收入

制订财务计划的第一步，是对债务和收入进行全面评估。罗列所有债务，不仅包括银行贷款、信用卡欠款，还需涵盖网络借贷、私人借款等。同时，明确稳定收入来源，如工资、租金收入、投资收益等，并对收入的稳定性和增长潜力进行分析。

陈浩月固定工资6000元左右，每月却要还3000元房贷和2000元信用卡欠款，仅剩1000元可支配，生活捉襟见肘。为改变现状，他利用业余时间在网上找兼职。凭借写作特长，他接线上撰写工作，每月多赚1000元。之后，他花数月时间学习基金、债券知识，拿出积蓄投资稳健基金，实操后每月又有几百元额外收益。通过这些努力，陈浩的收入提升，经济状况改善，他感觉离摆脱债务、实现财务自由更近了。

陈浩在梳理债务和盘点收入后，能够清晰认识到自身财务状况，然后通过兼职与投资增加收入，合理规划财务。当然，摆脱债务困境，实现财务自由并非一蹴而就，而是一个长期积累的过程。在此过程中，需要不断地学习、实践和调整策略。

制定开支预算

在全面评估财务状况之后，接下来就是制定合理的预算。预算不仅仅是限制支出，更是合理分配资源，确保我们在满足基本生活需求的同时，还能有所储蓄和投资。制定预算时，我们需要考虑以下几个方面：

固定支出：如房租、房贷、水电费、通信费等，这些是每月必须支付的固定费用。

可变支出：如餐饮、娱乐、购物等，这些支出可以通过调整生活方式来控制。

应急储蓄：建立应急储蓄账户，以备不时之需，通常建议储备至少3~6个月的生活费。

债务偿还：优先偿还高利率的债务，以减少利息支出。

投资理财：根据自身的风险承受能力，合理配置投资，以实现财产的增值。

制定预算时，要确保其可行性和灵活性。过于严格的预算可能导致无法坚持，从而失去效果。因此，在制定预算时，可以留出一定的弹性空间，以应对突发情况。

设定切实可行的还款目标

在明确了债务、收入和必要开支后，要设定切实可行的还款目标与期限。对于高利率债务，应设定较短的还款期限，以减少利息支出；对于低利率、长期限的债务，如住房贷款，可按原有合同期限还款，但要确保每月按时足额偿还。

小张是一名普通上班族，月收入8000元左右，除去房租、日常开销等必要支出，每月能结余3000元左右。他之前因一些突发情况，刷信用卡消费了3万元，还申请了一笔5万元的小额商业贷款。这些债务让小张感到压力巨大。

于是，小张给自己制订了一份还款计划。他根据自己的收支情况，计划在两年内还清信用卡欠款，每月还款约1000元。同时，他还计划五年内还清小额商业贷款，每月还款约800元。这样一来，每月还款总额约1800元，但仍有1000元左右的结余，可以应对突发情况。

通过这样合理的规划，小张的还款目标不仅切实可行，还能有效推进债务偿还进程。这也提醒我们，设定还款目标时，一定要结合自身的收入和支出情况，这样才能逐步摆脱债务压力。当然，你要始终坚持执行这个计划，如此，才能走向财务健康。

制订还款计划

在明确还款目标与期限后，就要制订具体还款计划。这包括确定每月还款金额和还款顺序。若有多笔债务，可根据利率高低、债务金额大小等因素确定还款顺序。

比如，先偿还利率最高的信用卡欠款，每月设定一定金额用于还款，直至还清；同时，按照合同要求按时偿还其他债务。在设定还款金额时，要充分考虑每月必要生活支出，确保还款计划既不影响基本生活，又能有效推进债务偿还进程。

财务计划并非一成不变，需根据实际情况定期监控与调整。每月对财务计划执行情况进行复盘，检查是否按时足额偿还债务，收入和支出是否与计划相符。若收入发生变化，如获得奖金、加薪或失去工作，要及时调整还款计划和支出安排。

财务规划方案一定要讲究因人而异，需要个性化的制定。因为财务规划方案是根据我们的个人或者家庭的财务状况以及非财务状况等因素进行综合制定的。所以，财务规划方案是无法照抄作业的，每个人、每个家庭都是不一样的。只有充分考虑自身的基本情况而制定的财务规划方案，才是我们最好的方案。

课堂小延伸

制订财务计划是人人都可以学会和掌握的一种理财技能，请根据自身的基本情况而制定出适合自己的财务规划方案吧。

制定每日清单，助力债务上岸

当身负债务时，我们的生活往往变得一团糟。各种还款压力、生活开销，让我们感到焦虑和迷茫。制作每日清单，能让我们清晰地看到自己每天的时间和精力都花在了哪里，将复杂的生活条理化。制定每日清单，就像是为我们的债务偿还之路绘制了一张精确的路线图，能帮助我们有条不紊地应对债务，逐步走向财务自由。

也许有人会质疑："我整天忙得焦头烂额，哪有时间去做清单？"然而，恰恰是因为我们的时间精力都很有限，才更需要制作一份每日清单。这份清单能帮助我们科学规划每日任务，合理分配时间和精力。如此，我们才会有更多的时间和精力去处理与债务相关的事务，让生活与财务状况逐步走向正轨。

俗话说"好记性不如烂笔头"，请你拿起笔和纸，我们按照时间规划、事项梳理、细节备忘三个方面制作每日清单。如果你做事习惯拖延，那就更需要制作每日清单了，将你能想到的每项任务都写到清单中，每完成一项，就划掉一项。坚持下来，不仅能提高效率，还能让你收获满满的成就感。

时间规划

如果是上班族，每天的工作时间通常是固定的，比如早上9点到下午6点。在这段时间内，要全身心地投入工作，保证工作任务的高效完成。因为稳定的工作收入是偿还债务的基础，只有做好本职工作，才有可能获得晋升或加薪的机会，从而增加收入。

在工作之余，我们可以安排 2~3 小时用于开展副业。比如，如果你选择做自媒体副业，可以在晚上 7 点到 9 点这段时间，进行素材收集、内容创作、视频剪辑等工作。如果你擅长开车，可以利用周末时间，从事代驾、网约车或是闪送等兼职。

为了提升自己的能力，增加未来的收入潜力，每天至少要安排 1 小时用于学习。可以学习投资理财知识，提升自己的财商；也可以学习与副业相关的技能，如写作技巧、软件设计等。

另外，生活也不能只有工作，生活中的琐事也需要我们花费时间去处理，如做饭、打扫卫生、陪伴家人等。我们可以合理安排这些时间，比如早上起床后利用 30 分钟准备早餐和简单打扫房间；晚上下班后，利用 1~2 小时做饭、陪伴家人，增进家庭关系。同时，也要给自己留出一定的休闲时间，缓解压力，保持身心健康，如每周安排 2~3 次，每次 30 分钟的运动时间。

事项梳理

你需要将一天中需要完成的所有任务都罗列出来，包括工作任务、生活琐事、学习提升、债务相关事务等按照四象限法则，将债务相关任务按照重要且紧急、重要不紧急、紧急不重要、不重要不紧急进行分类排序。

例如，与即将到期债务的债权人沟通，这是重要且紧急的任务，关乎信用与资金流转，必须优先处理；学习债务管理知识虽不紧急，但对长远财务规划极为关键，属于重要不紧急的任务，可制定固定的学习日程，定期进行；处理债权人的一般性询问，属于紧急不重要的任务，这类事务虽需及时回应，但对核心事务影响不大，可集中安排在一个特定时间段内处理；至于一些无关紧要的社交活动，它们既不重要也不紧急，可适当减少或是直接取消，将更多的时间和精力投入到关键事务中。

总之，这种任务排序方式，能让我们精准把握待办事项的重点，有条不紊地推进各项事务，高效达成目标。

细节备忘

工作事务千头万绪，只制定每日清单还不够，细节很重要，一份清晰的细节备忘是高效工作的关键。为此，你还需要一份清晰的细节备忘。例如，在每日清单的每一项任务的后面，还需详细标注出时间、地点、涉及人物等关键信息，这个细节看似微不足道，却能让整个工作流程变得清晰明了。

以下是阿明近期的每日清单，我们可以清晰地看到阿明每日的时间安排得合理有序，工作和学习也非常高效，我们可以参考他的这张表格，来制作一份自己的每日清单。

表 3-1

时　间	事　项	轻重缓急	细节备忘	完成✓ 未完成 ×
7:00~8:00	起床、洗漱、吃早饭	不紧急	无	√
8:00~9:00	通勤上班	不紧急	查看当天工作任务和债务相关事项	√
9:00~12:00	上班时间	重要，不紧急	上午 10:00 视频会，重点本季度销售计划	√
12:00~13:00	午饭、午休	不紧急	查看下午的工作事项、工作安排	√
13:00~18:00	继续工作	重要，不紧急	约甲方客户下午 16:00 公司面谈	√

续表

时 间	事 项	轻重缓急	细节备忘	完成√ 未完成 ×
18:00~19:30	通勤回家、吃晚饭	不紧急	无	√
19:30~20:30	联系债权人沟通还款事宜	重要，紧急	协商延迟到下月 20 号还款 4000 元	√
20:30~21:30	开展副业，做自媒体	重要，不紧急	查看数据、分析数据	√
21:30~22:30	学习理财知识	不紧急	无	√
22:30~23:00	复盘当天的任务完成情况，制定明天的任务清单	重要，不紧急	无	√

债务情况和生活状况随时可能会发生变化，因此需要根据实际情况及时调整每日清单。如果发现某个任务难度过大，难以在预定时间内完成，可适当延长时间或分解为多个小任务；如果有新的债务问题出现，应及时将相关处理任务添加到清单中。

通过制定每日清单并严格执行，我们能够更加积极主动地处理债务问题。每日清单就像一位忠实的伙伴，陪伴我们在债务偿还的道路上稳步前行，逐步减轻债务压力，实现财务状况的改善。只要坚持不懈，我们一定能够摆脱债务的束缚，迎来美好的未来。

课堂小延伸

制作每日清单，可以更合理地规划时间，有效应对生活中的各种变化。请参考文中所示的清单表格，给自己制作一份每日清单吧！

学习理财知识，让钱去还钱

说到理财，很多人会认为理财是有钱人做的事情，一个负债的人有什么资格理财？然而，事实却并非如此。理财不是有钱人的专属特权，对于深陷债务困境的人来说，更应该积极学习理财知识，学会规划自己账上的每一分钱。

当我们陷入负债的困境时，通过合理的资产配置和投资策略，可以实现资金的滚动增长，从而解决债务问题。也就是说，不是有了钱才理财，通过合理的理财，让钱生钱，同样可以解决迫在眉睫的债务压力。

接下来，我们将为大家分享两个实操案例，看看那些身负债务的人，是如何借助科学的理财策略，让每一分钱都发挥出最大价值，逐步改善财务状况的。

案例一：债券抵债策略

债券抵债，是一种创新的理财策略，其精妙之处在于能够将债务巧妙转化为资产。你可以通过购买债券，借助债券产生的收益来清偿债务。这类债券具有固定的票面利率、明确的到期日，投资者在债券到期时可获得本金和利息。当债券收益高于债务利息时，不仅能偿还债务，还可能获得额外收益。

债券抵债的优势在于其相对稳定的收益性和较低的风险。与股票市场相比，债券市场波动较小，收益相对稳定，为负债者提供了较为可靠的资金来源。

小陈有一笔贷款为5%~6%利率的债务，他为此愁眉不展。一个偶然的机会，小陈了解到国债这一投资产品，其年利率在3%~4%。而且，国债由国家信用背书，安全性极高，于是他就购买了国债。虽然国债收益不足以完全覆盖债务利息，但随着时间的推移，债券收益在一定程度上缓解了小陈的债务压力。

在实施债券抵债时，需谨慎操作。首先，要根据自身债务和财务状况，确定可用于购买债券的资金规模。

其次，要选择合适的债券品种。除了国债，企业债券也是常见选择，但企业债券风险相对较高，需要对发行企业的信用状况、财务状况进行深入分析。

最后，要密切关注债券市场动态。债券价格受市场利率、宏观经济环境等因素影响。当市场利率下降时，债券价格通常上升，此时可考虑出售债券获取差价收益；反之，当市场利率上升时，债券价格可能下跌，应谨慎操作。

案例二：可转债投资策略

可转债是兼具债券和股票的双重特性的金融工具。它具有固定的票面利率和到期日，投资者可像持有普通债券一样获得稳定利息收益。同时，在特定条件下，可转债可按照约定的转股价格转换为发行公司的股票。当公司股票价格上涨时，投资者通过转股可获得股票增值收益；若股票价格下跌，投资者可继续持有债券，获取稳定利息。

可以说，可转债所具备的这种灵活性与潜在的高收益空间，无疑为负债者提供了一个极为难得的机会，有助于改善自身的财务状况，实现财富的积累与增值。

小郑购买了某新兴行业公司的可转债。该公司经营状况良好，股票价格大幅上涨，小郑果断地将可转债转换为股票，经核算，股票增值收益数倍于债券利息的收益，不仅充实了他的个人资产，还帮助他将原本五年才能还清的债务，缩短至三年提前偿清。

像任何投资一样，投资可转债时，投资者要充分考虑自身风险承受能力和投资目标，合理配置资金。同时，要深入研究发行可转债的公司，包括公司的行业前景、经营状况、财务状况等。不过，投资可转债也存在一定风险。若公司经营不善，股票价格大幅下跌，可转债价格也可能下降，投资者可能面临本金损失。此外，可转债票面利率一般较低，若长期持有未转股，可能无法获得较高收益。

在面对债务压力时，学习理财知识，运用合理的理财策略实现钱生钱，是缓解债务压力、走向财务自由的有效途径。通过不断学习和实践，根据市场变化和个人财务状况适时调整策略，我们便能在债务困境中找到出路，逐步实现财富的积累与增长。

课堂小延伸

债权和可转债都是比较适合金融“小白”投资的理财产品，通过文中的两个案例，你更看好哪种理财产品呢？不妨选择一款适合自己的理财项目尝试一下。

科学规划债务，摆脱经济困境

你是不是正处于这样的艰难处境：每天都在赚钱与还债之间循环往复？每个月辛辛苦苦赚的钱，到手还没有捂热，就不得不用于还债了，长此以往，赚钱的动力与对生活的热忱也逐渐消磨。因此，我们要学习科学规划债务，找到更好的办法解决债务问题，轻松上岸。

每个人的负债原因、金额、逾期时间等因素都不同，因此每个人的上岸方案也不尽相同。方案虽多，万变不离其宗，但规划思路却是不变的，接下来，我们将从以下几个不同的维度，帮你制定出一套理想的债务上岸方案。

延长还款时间

在各种债务规划方案中，延长还款时间是一种颇为有效的方式。这种方式可以让你有更充裕的时间来调整财务状况，合理安排资金，轻松度过当下的难关。

假设你目前正身负一笔债务，按原计划需在两年内还清。但是在当前的经济压力下，这笔债务对你来说无疑是一座难以逾越的大山。这时，你可以诚恳地向出借方说明你的经济状况，并且提供翔实的收入证明或资金周转困难的相关材料，尝试与债权人积极协商沟通，争取得到对方的理解。最终经过努力，你成功地将还款期限延长至五年。结果，每年你所需偿还的金额大幅降低，经济压力得到极大缓解。

一般来说，这种策略特别适用于网贷延期、信用贷延期以及房贷延期等场景。在你的合理解释下，部分出借方会酌情同意延长还款时间，帮你缓解阶段性的资金压力。

降低每月还款金额

生活中，不少欠债者在债务逾期之后，常常会接到催收电话，并承担高额的罚息，这无疑加重了他们的经济负担。实际上，如今有各种各样的解债方式，能帮助我们缓解债务压力。其中，降低每月还款金额，就是一种可行的思路。

例如，一些网贷平台推出了打折还款的政策。假设你欠款 10 万元，通过与平台协商，或许只需偿还 5 万元。还有部分金融机构，愿意减免罚息和利息，甚至在特定条件下，还会减免部分本金，以此助力债务人结清债务。虽说不同平台的减免政策存在很大差异，但只要你积极主动地与平台沟通，展现出还款的诚意，并说明实际面临的困难，总能找到让自己少还钱的办法，从而减轻每月的还款压力。

申请银行低利息

当你预料到自己可能即将逾期时，就可以向银行申请利息减免。以房贷为例，若想协商降低利息，你首先要向银行表明自己的还款意愿，同时提供能够证明自身具备一定还款能力的材料。

小孟是一个普通上班族，每月的工资除去生活开销，所剩无几。不仅如此，他还要按月还款 5000 元的房贷，这让小孟感到力不从心，后来他意识到再不调整还款计划，很可能出现逾期。

于是，小孟主动联系银行信贷经理，诚恳地说明自己的经济状况，并展示了收入证明和支出明细，证明自己的还款意愿，希望银行能帮他缓解当下的经济困境。经过多次沟通协商，银行最终同意了他的请求。将每月还款金额降至3000元，同时把还款期限延长至15年，如此一来，小孟成功降低了每月的还款压力，可以更加从容地应对生活。

一般情况下，持卡人去银行协商降低利息或个性化分期服务，银行是很难同意的，这意味着银行要减少自己的收益。银行在考虑你的申请时，会综合考虑你的还款能力、信用记录和财务状况。因此，提前准备和充分展示你的还款诚意和真实的困难情况是非常重要的。

债务合并

债务合并是一种实用的金融手段，它能将多笔债务整合为一笔，便于管理，还可能降低利率，减轻还款压力。比如，当你同时背负多项贷款、信用卡欠款或是其他类型的负债时，就可以通过办理一项统一的贷款，将这些零散债务一次性偿还。

这种操作可以帮你简化债务管理流程，减少利息支出，或者争取到更优惠的贷款条件。通过债务合并，借款人无须再为分散管理多个债务而耗费大量时间、精力和资源，只需专注于一个贷款账户即可。与此同时，借款人还有机会借此获得更低的利率，从而有效减轻整体的偿债负担，让财务状况更加稳健。

停息挂账

如果你无法在规定时间内还清欠款，还可以考虑停息挂账。也就是说，银行可对欠款金额暂停计息，但欠款本金和利息仍会记在持卡人名下，这便是停息挂账的处理方式。在银行专业术语中，这种方式又被称为个性化分期。

只要满足相关条件，持卡人就可以向银行协商申请。在沟通时，你要坦诚地告知银行自身的实际情况，明确表达还款意愿，同时详细说明无法一次性还清欠款的原因，以便银行做好相关登记。之后，你只需耐心等待银行的回访电话即可，这一流程与协商逾期处理大体相似。通过这样的方式，你可以为自己争取到更合理的还款安排，缓解债务压力。

停息挂账需要满足哪些条件?

1. 申请时，你要证明自己经济能力有限，不能仅靠口头表述，需提供工作收入、名下财产、当前负债率等资料，银行核实后自然会酌情考虑。

2. 信用卡还不上一定不能躲避催收，若因失联、更换号码等因素让银行联系不上，你被起诉后再去协商停息挂账的话，银行大概率是不会接受的。

3. 停息挂账是建立在有还款意愿的前提下，即便无法全额还清，逾期后持续还款的行为也会得到银行认可，相比毫无还款意愿的人，更有机会申请成功。

债务集中清理（个人破产 / 企业破产）

《中华人民共和国企业破产法》自 2007 年 6 月 1 日起施行，但目前个人破产法还没有全面实施试点，个人破产第一批试点在深圳。无论是个人还是企业，都可以申请破产或债务集中清理来处理自己的债务。

阿强是一个创业青年，满腔热血扎进餐饮行业，却因选址失误、竞争激烈导致生意惨败，背上了 120 万元债务。此后，他变卖家产，拼命打工，但还是无力偿还巨额债务，于是阿强申请了个人破产公告，根据阿强的每月收入情况重新裁定还款方式和还款时限，10 年时间只还总债务额的 30%。

申请破产的好处是不会成为失信执行人，并且企业债、私人债、信用债集中处理，并且给足够的时间让债务还款得以上岸，不会让债务人失去基本生存的权利。

解决债务问题时，并非局限于单一的还款方式，而是可以将延长还款时间、降低每月还款金额、申请银行低利息等多种方式进行组合运用。从而制定出适合自身情况的还款方案。但无论如何，千万要杜绝以贷养贷这种错误行为，因为这只会让债务像滚雪球一样越滚越大。

课堂小延伸

文中以上几种财务规划的方案，你觉得哪种方案更适合解决你目前的债务问题？选择其中一两种方案帮自己解决债务问题吧。

会说话，债务压力少一半

现在网上经常流行用 i 人和 e 人形容一个人的性格，i 人是指性格内敛，更善于独处的人；e 人指性格外向，更喜欢社交的人。当面对沟通障碍时，很多人就调侃自己是 i 人，好像这样说就能给自己不会说话找了一个很好的说辞。

如果你也是一个 i 人，在面对催债人狂轰滥炸的催债电话和短信时，是不是不知所措而深感恐慌和焦虑？别慌！其实，债务危机并非无法化解，关键在于找到正确的沟通之道。很多时候，有效的沟通能让债权人理解你的处境，也能为你争取到更有利的解决方式。接下来，就为大家分享一些应对债权人催债时的实用方法和沟通话术，可以帮你在这场债务“谈判”中，掌握主动，化解危机，逐步走出债务的阴霾，重新找回生活的掌控权。

主动与债权人沟通

不要等到债权人来催款时才被动应对，而是要在逾期后尽快与他们取得联系。可以通过电话、邮件或书面信函等方式，向债权人说明自己的情况，并提出协商还款的请求。

在沟通中，要详细说明逾期的原因。如失业、生病、家庭变故等不可抗力因素导致收入减少，使自己暂时无法按时还款。同时，要表达自己对债务的重视，以及为解决债务问题所采取的措施，如正在寻找新的工作、增加收入来源等。

提供有力的证明材料

为了提升协商的可信度和成功率，提供具有说服力的证明材料至关重要。若是因事业受挫而导致逾期，失业证明、离职证明等都可以作为有力依据；若是因疾病原因而导致逾期，可以提供医院出具的诊断证明、病历以及医疗费用清单等；若是因家庭变故而导致逾期，则需要准备好相关的证明文件。这些材料能够使债权人更直观、全面地了解你的艰难处境，进而更有可能接纳你的协商请求。

拿出合理的还款计划

在与债权人进行协商时，你要根据自身的财务状况拟定一份切实可行的还款计划。这份还款计划既要考虑到自己的还款能力，又要满足债权人的要求。为此，你可以尝试提出延长还款期限、采用分期还款的方式、降低利息等方案。不过，这些方案务必合理适度，既要展现你的还款诚意，又不至于让自己背负难以承受的经济负担。

与债权人沟通协商的技巧

1. 在与债权人沟通时，要保持诚恳、礼貌的态度，尊重对方的立场和权益。避免使用强硬、攻击性的语言，以免引起对方的反感。

2. 明确向债权人表达自己的还款意愿和困难，说明并非故意拖欠，而是由于客观原因导致的还款困难，并强调自己正在积极寻求解决办法。

例如，如果你想申请延期还款，可以这样说："您好，我是贵机构的客户，因为近期遭遇了突发的经济困难，导致我无法按时履行还款约定。我会对此逾期承担全部责任。在此，我诚恳地希望能与贵机构协商，申请延迟还款。我会尽快梳理财务状况，制订出详细可行的还款计划，保障还款事宜能够顺利推进，将逾期对双方的影响降到最低。感谢您的理解！”

3. 根据债权人的反馈和要求，灵活调整自己的还款计划。可以提出多种方案供债权人选择，如资产抵押、分期还款、延长还款期限、调整利率等，以增加协商的灵活性和成功率。

4. 沟通时间的选择同样关键，应避免在对方事务繁忙，或是月末、季末结算时打扰对方。建议选择月初，或业务相对清闲时沟通，这样成功的概率更大。若是遇到政策调整、行业不景气等特殊情况，债权人可能也有协商意向，务必抓住这些特殊时机。

5. 谈判时，需提供实际证明材料，如收入证明、支出明细等，让债权人了解你的真实困境，知晓你所提出的还款方案符合实际情况。

与债券平台沟通话术

1. 申请延期还款

“您好，我是贵机构的客户，因为近期突发经济困难，导致无法按时还款。我承认逾期责任，希望能协商延迟还款，并尽快制订还款计划。”

2. 请求费用减免

“由于逾期产生了较高的罚息，我确实无力承担。考虑到我的特殊困难，能否减免部分罚息或违约金？”

3. 对暴力催收提出异议

“您好，我是贵机构的客户。我最近接到一些不规范的催收电话，对我造成了极大困扰。我希望能在合法范围内解决问题，避免进一步升级。”

常见问题及解答

1. 问：如果债权人不同意协商还款怎么办？

答：不要轻易放弃，可以多次与债权人沟通，了解其不同意的原因，并有针对性地调整自己的还款方案。也可以寻求专业人士的帮助，如律师、财务顾问等，或者通过第三方调解机构进行协调。

2. 问：协商还款会影响个人信用记录吗？

答：如果能够与债权人达成合理的还款协议，并按照协议按时履行还款义务，一般不会对个人信用记录产生严重影响。但如果协商失败或未按协议还款，仍可能导致逾期记录被上报，影响信用评分。

3. 问：可以协商减免利息或滞纳金吗？

答：在一定情况下是可以的。如果债权人认为你的还款困难确实是客观原因造成的，且你有积极的还款意愿和合理的还款计划，可能会同意减免部分利息或滞纳金。但这并非必然，需要根据具体情况与债权人协商。

4. 问：协商还款需要提供哪些证明材料？

答：通常需要提供能够证明自己经济困难的材料，如失业证明、收入减少证明、医疗费用清单、家庭突发重大变故证明等，以及能够反映自己还款能力的材料，如银行流水、资产证明等。

5. 问：协商还款的期限一般可以延长多久？

答：这取决于债权人的政策和你的具体情况。一般来说，可以协商延长几个月到几年不等，但通常不会过长。需要根据自己的还款能力和债务情况合理提出延长期限的要求。

6. 问：如果有多笔债务，应该先协商哪一笔？

答：可以优先协商那些即将到期或逾期的债务，以及利息较高、催收压力较大的债务。同时，也要考虑自己的还款能力和债务优先级，合理安排协商顺序。

7. 问：协商还款期间还会被催收吗？

答：在协商过程中，可能仍会收到一定程度的催收提醒，但一般不会像逾期未协商时那样频繁和强烈。如果已经达成了初步的协商意向，应及时与催收人员沟通，说明情况，避免不必要的骚扰。

8. 问：如果在协商还款期间经济状况有所改善，是否可以提前还款？

答：可以的。如果你的经济状况好转，有能力提前偿还部分或全部债务，可以与债权人协商提前还款的事宜。提前还款可能会涉及一些手续和费用问题，需要与债权人明确约定。

会说话是一门技术，也是一门艺术，会说话并不意味着巧舌如簧，喋喋不休地在语言上占上风，我们的目的是解决问题，而不是激化矛盾。真正的智者，深谙“会说话”这门学问。他们善于沟通，清晰、准确地阐述自己的想法，展现内心的诚意。当面临债务危机时，凭借出色的沟通能力，巧妙周旋，成功解决问题，让自己化险为夷，顺利摆脱困境。

课堂小延伸

在协商过程中，债权人可能会回绝你的请求，或者提出一些令人难以接受的要求。遇到这种情况，千万别轻易打退堂鼓，务必时刻保持耐心，坚持自己合理的诉求，努力寻求到一个双方都能认可的解决方案。

财富名言

- 给自己制订理财计划，首先把实现财务自由落实到行动上，不只是纸上谈兵。

- 成长就是不断学习和进步的过程，理财知识的学习亦是如此，它能让我们在财富管理的道路上走得更稳更远。

- 理财之道，在于点滴积累，达人智慧，源自不断学习。

- 投资自己是最好的投资。他不断学习新知识、新技能，提升自己的综合素质和竞争力。

- 语言只是一种工具，通过它，我们的意愿和思想就得到交流，它是我们灵魂的解释者。

第四章

翻盘心法

解锁债务背后的底层逻辑

深陷债务危机，让人不知所措，别慌！只要有“计”可施，再大的催债压力也能从容应对。面对债务，可能你还在循规蹈矩地赚钱偿还债务，但其实，偿还债务的方式还有很多种，本章将为你解锁一些合法合规又轻松的清债方式。策略在手，债务危机不再可怕，积极应对，未来的财务状况定会拨云见日。

以法为盾，化解债务压力

近年来，网贷逾期问题逐渐成为社会关注的焦点，随着监管的日益严格和科技的飞速发展，许多平台开始采用“合法化”“智能化”的催收手段。这些看似合规的新型催收策略如同暗流，令许多负债人感到无所适从。当债务问题出现时，许多人常常感到迷茫和无助，甚至在面对不合法的利率和暴力催债等困境时，更不知如何保护自己的合法权益。

其实，学习债务相关的法律知识，正是有效应对债务压力、维护自身合法权益的有效途径。下面，我们将深入剖析违法的利率和新型催收手段，并为你提供应对策略，助你从容不迫地走出债务困境，理性破局。

你知道不合法的利率吗

法律对利率的规定

在民间借贷中，借贷双方最易在民间借贷利息上产生矛盾。对民间借贷利息纠纷，最高人民法院《关于审理民间借贷案件适用法律若干问题的规定》第二十五条规定：出借人请求借款人按照合同约定利率支付利息的，人民法院应予支持，但是双方约定的利率超过合同成立时一年期贷款市场报价利率四倍的除外。

什么意思呢？简单来说，就是依据我国相关法律的规定，超过合同成立时一年期贷款市场报价利率四倍的，是属于高利贷的行为，高利贷是违法的，超出法律规定的利息是不受法律保护的。

例如，若某时期一年期 LPR（贷款市场报价利率）为 3.85%，那么民间借贷利率超过 15.4%（3.85%×4）的部分，就可能不受法律保护。这个规定不仅保障了借贷双方的合法权益，同时维护了金融市场的稳定与公平。

案例分析

小李因生意周转需要，向某私人借贷公司借款 10 万元，借款合同中约定年利率为 36%，借款期限为一年。一年后，借贷公司要求小李偿还本金 10 万元及利息 3.6 万元。

小李在学习债务相关法律知识后，发现该利率超过了当时一年期 LPR 四倍的限制。于是，小李向法院提起诉讼，主张超出部分的利息无效。

法院受理此案后，依据相关法律规定，判定借贷公司只能按照法律保护的利率范围收取利息，小李只需偿还本金 10 万元及按照合法利率计算的利息。通过法律武器，小李成功减轻了自己的经济负担，也维护了自身的合法权益。

上面的案例也提醒广大借贷双方，在进行民间借贷时，一定要清楚了解相关的法律规定，避免不必要的纠纷和损失。遇到不合法的利率，要敢于拿出法律武器，积极维护自身的合法权益。

识别新型违法催债术

在借贷过程中，不法分子设定不合法的利率，还有一些人采取暴力催债等恶劣手段，与此同时，警惕各种利用 AI 智能语音，模拟警方或法院的传讯，给债务人施以心理压力，让负债者倍感恐慌。不仅严重损害了债务人的合法权益，还扰乱了金融秩序。以下是近几年常见的新型催债手段，理智地识别这些虚假的催债术，就能让你不会陷于被动局面。

1.“合法施压”式催收手段

随着《刑法修正案（十一）》的实施，一些平台通过批量发送律师函、支付令或仲裁通知，意图制造心理压力。实际上，法院只会支持合规的本金和合法利息，但许多负债人因信息不对称，误以为“收到律师函＝坐牢”，为此焦虑不安。

2.“互联网＋法催”的新型催债

电子送达：通过短信或邮箱发送电子版律师函，存在未核实地址的程序瑕疵。

批量仲裁：利用互联网仲裁机构进行快速裁决，但借款人可对违规仲裁提出异议。

AI 法催系统：通过 AI 智能语音电话模拟真人沟通，需警惕诱导性话术。

暴力催债是严重侵犯他人合法权益的行为，我国多部法律对此都有明确的规制。《治安管理处罚法》规定，写恐吓信或者以其他方法威胁他人人身安全的，多次发送淫秽、侮辱、恐吓或者其他信息，干扰他人正常生活的，都将受到相应的治安处罚。如果暴力催债行为情节严重，构成犯罪的，还将依据《刑法》相关条款追究刑事责任，如涉嫌非法拘禁罪、寻衅滋事罪等。

案例分析

小王向某网贷平台借款5000元，因资金周转困难未能按时还款。此后，网贷平台的催债人员不断对小王进行骚扰，不仅每天拨打数十个电话，还发送含有威胁、辱骂内容的短信，甚至到小王的工作单位和居住小区张贴大字报，对小王的名誉造成了极大损害。

小王在咨询律师后，收集了相关证据，包括电话录音、短信截图、大字报照片等，向公安机关报案。公安机关经调查核实后，对网贷平台的相关催债人员依法进行了治安处罚，责令其停止侵权行为，并对小王进行赔礼道歉。小王通过运用法律武器，成功维护了自己的合法权益，摆脱了暴力催债的困扰。

法律是社会秩序的基石，学习它能让我们清晰知晓行为边界，规范自身行动，避免因无知而违法。同时，法律赋予我们权利，懂法使我们在权益受侵时，能运用法律武器捍卫自身利益。

于负债者而言，认真学习有用的债务知识，更有利于和机构协商不被起诉。因此，负债人应主动学习法律知识、保留证据，寻求与债权人的理性沟通，必要时可以借助公权力来保护自己的合法权益。以下是总结的三条应对暴力催债的方法。

1. 收集证据

面对不合法的暴力催债时，一定要收集好证据。证据是维护自身合法权益的关键，例如借款合同、还款记录、电话录音、短信截图、视频资料等证据，能够证明债务关系的存在、利率的约定以及催债行为的违法性。

2. 与债权人协商

收集好证据后，可以尝试与债权人进行协商。以平和、理性的态度向债权人说明其行为存在的违法之处，并提出合理的解决方案，如按照合法利率重新计算利息、停止暴力催债行为等。很多时候，通过协商可以解决问题，避免进一步的法律纠纷。

3. 向相关部门投诉

如果协商不成，可以根据具体情况向相关部门投诉或向法院提起诉讼。

对于暴力催债行为，可以向公安机关报案；对于不合法的利率问题，可以向法院提起诉讼。在诉讼过程中，要积极提供证据和陈述事实，维护自己的合法权益。

总之，学习债务相关的法律知识对于应对债务压力至关重要。它不仅能够帮助债务人识别不合法的利率，避免承担过高的利息负担，还能在面对暴力催债时，勇敢地拿起法律武器保护自己。

课堂小延伸

当你遇到具体的债务问题时，寻求专业律师的帮助也是一种简单直接且行之有效的方式。也可通过拨打 12348 公共法律服务热线，或是前往律师事务所，向律师咨询与债务相关的法律问题。

亲友收到催收短信怎么办

对于网贷信用卡逾期的负债人来说，最害怕的莫过于催收短信发送至家人、朋友手中。在中国人的传统观念里，“人活一张脸”，这种被揭开伤疤、隐私暴露在众人面前的感觉，就像是被当众扒光，满心都是难以言说的羞耻与难堪。而暴力催债的人就是抓住了人们的心理，将催债信息发给负债人的家人、朋友手中。

有很多负债人就问，是否有办法避免自己的家人和朋友收到催收短信呢？有没有解决催收短信骚扰家人和朋友的方法？不用担心！接下来，手把手教你应对非法骚扰短信。

如何第一时间识别出虚假的催收短信

在日常生活中，我们常常会收到来自所谓“消费金融”“消费分期”“普惠金融”等平台的短信。然而，这些短信中的平台名称往往是虚构的，和真实的借贷机构毫无关系。虽然这些短信看似无关紧要，但它们却可能被随意发送到你的家人和朋友的手机上。

面对这种情况，逐一投诉这些网贷平台不仅耗时费力，而且往往得不到有效回应。更糟糕的是，即使你提出投诉，对方通常也会拒绝承认，态度傲慢，让人感到无奈。为了有效应对这些骚扰短信。你可以采取以下步骤：

1. 访问工信部网站

打开工信部官方网站：https：//www.miit.gov.cn/ 在首页导航栏中选择“政

务服务”。找到“电信网号码资源使用和调整审批系统”，输入短信号码的前 8 位（如：10689022），系统会显示该号码的服务商信息。

2. 利用商业信息查询平台

通过企查查等平台，查找相关服务商的联系方式，以便进行进一步的投诉。

投诉时的沟通话术

在与平台进行投诉时，要清晰准确地表达自己的诉求，不要带有激动、抱怨的情绪，如果你不知道如何投诉，可以使用以下话术：

1. 询问骚扰原因：直接询问对方为何频繁向你及身边人发送骚扰短信，指出这种行为已对你的生活造成困扰，并可能涉嫌泄露个人信息。

2. 要求提供证明：明确表示自己亲友没有与该服务商的借款记录，要求其提供借款合同或相关证明，以证实其合法性，并要求服务商停止向亲友发送催收短信。

3. 质疑催收资格：如果对方声称是被委托方，要求其出示委托协议，证明其有权进行催收。

4. 表达信息泄露担忧：询问对方如何得知你的欠款信息，表达对个人信息泄露的担忧。

5. 警告电信诈骗：指出对方的行为可能涉嫌电信诈骗，并表示将向相关部门举报以维护自己的权益。

6. 提出停止骚扰的要求：明确要求对方立即停止发送骚扰短信。

及时沟通说明情况

家人朋友收到催收短信后，应该主动与家人或朋友坦诚交流，解释这是关于自己的债务问题，不是他们的过错，表达歉意，并询问催收的具体信息，如催收机构、债务金额、催收频率等，以便了解债务的性质和紧迫性。及时有效地制止亲友收到的催收短信，保护家人和朋友的合法权益。

主动联系债权人，说明自己的经济状况，并提出合理的还款计划。如果催收行为存在违法情况，如骚扰、恐吓等，可以提出投诉和维权要求。

利用法律保护

根据《互联网金融逾期债务催收自律公约（试行）》，催收人员不得向债务人外的其他人员透露债务人负债、逾期、违约等个人信息，法律法规另行规定的情形除外。若发现催收方存在违规行为，明确指出并警告其停止，提醒催收方需遵守相关法律法规进行催收。

如果催收方继续骚扰你的家人和朋友，记得保留通话记录、短信等证据，并向相关部门投诉，比如：向银保监会投诉（投诉热线为 12378，信用卡及银行类贷款），向互联网金融协会投诉，12321 是网络不良与垃圾信息举报电话，若是家人被催收骚扰，可直接打该电话投诉（网贷平台），或向当地公安机关报警（涉及威胁、恐吓等违法行为）。

通过以上这些积极的应对措施，你可以有效屏蔽催收短信，保护家人和朋友的隐私。不过，面对催收短信的骚扰，你最需要保持冷静，这样才能顺畅地应对债务问题，同时避免给亲友带来困扰。

课堂小延伸

若是不想让家人被骚扰，可以将催收电话加入黑名单。不过，因为催收人员一般使用虚拟号码，所以黑名单也防不住，最好的做法就是将熟人的号码全部加入白名单，拒接白名单之外的电话。

学会借鸡生蛋，巧渡债务难关

如果你正深陷债务危机，每一步都举步维艰，不妨借鉴一下犹太人“借鸡生蛋”的思维。在经商领域，犹太人一直领先于其他民族，他们在智力、创造力等方面始终占据着重要地位。不仅如此，犹太人还擅长“借鸡生蛋”，凭借这一独特的思维方式，他们创造了非凡的商业成就，更关键的是，这种思维方式在应对债务困境时，同样蕴含着巨大的启示。

“借鸡生蛋”是犹太人智慧中非常经典的一种经济策略，即通过借用资产、抵押物换取融资，继续扩展业务或者创造更多的财富。也就是说，当你拥有一些“蛋”时，可以通过向别人借“鸡”，用“鸡”产下更多的“蛋”，从而获得更多的利润。这一商业智慧可以帮助我们解决资金压力上的各种问题。

设想一下，你手中现有的资源就如同那些“蛋”，虽然看似微薄，却可能是扭转局面的关键起点。例如，你可能擅长设计，却因债务问题而无法开展业务，这时你可以与资金充裕但缺乏设计人才的企业合作，利用他们的资金和市场渠道，发挥你的设计专长，完成项目后获取收益。这就如同用借来的鸡孵化出更多的蛋，产生额外的利润。

借鸡生蛋的精髓就在于通过对现有资源和合作关系的整合，为未来创造更多的机会，这在债务困境中尤为重要。通过合作，你不仅能盘活自身资源，还能创造出更多的机会，让原本看似难以摆脱的债务困境出现转机。这种思维方式着眼于长远，不被眼前的债务压力所束缚。随着时间的推移，产生的收益不仅能够偿还债务，还能实现财富的积累。

酒店巨头希尔顿堪称“借鸡生蛋”这一商业思维的经典范例。当时，希尔顿正在商业街上漫步，他看到这里只有一家酒店，于是他瞬间意识到，要是能在这里开一家酒店绝对是商机无限。但是，建造酒店就需要购置地皮、修建房屋，每一项都需要大量资金的投入。

当时，尽管他手头只有5000美元，但他还是凭借“借鸡生蛋”这一思维方式，开启了一场充满智慧与勇气的商业冒险。他先是租下地皮的使用权，随后又把这块土地作为抵押物，成功地从银行贷到了款项，最终他克服了重重困难，成功建造了一家独具特色的酒店。

此后，他并未满足于一时的成就，而是不断努力将这家酒店逐步发展成了全球知名的连锁酒店，他的公司也因此跻身行业巨头之列，实现了从最初的5000美元到现今5.7亿美元的翻盘，希尔顿的创富秘诀就是巧借他人的资源，来经营自己的生意，这便是“借鸡生蛋”的智慧。当他借到资源后，又不断让资源衍生出新的资源，最终一步步实现了自己的财富梦想。

“借鸡生蛋”的精髓就在于梳理清自己身上的资源，无论是你的能力、资源，还是智慧、学识，这些都可以成为你向他人借力的筹码。正如美国“石油大王”洛克菲勒所说，穷人要想翻身，就要学会一次一次地借用他人的力量。所以即便我们现在负债累累也不慌，试着去借用他人的力量，无论是亲戚、朋友甚至陌生人都行，都能帮我们更快逆袭。

张凯原本经营着一家小超市，受市场冲击的影响，不仅超市倒闭，还背负了30万元的债务。但他没有气馁，仔细梳理自身资源后，发现自己这些年在经营超市的期间积累了不少人脉，且对商品销售和市场需求十分了解。

后来，他了解到朋友老李有一批积压的优质日用品正愁销路。张凯凭借对市场的敏感，和老李协商合作，由他负责销售，双方利润分成。同时，他向曾经的供应商说明情况，凭借自己过往良好的合作信誉争取到了先供货后付款的优惠。

随后，张凯通过线上社群、直播带货等方式打开销路，很快就把老李的这批日用品销售一空，自己也获得了一笔可观的收入。接着，他用这笔钱逐步还清债务，不仅如此，他还拓展了新业务，财富积累逐步走上正轨。正是因为张凯善于借助他人的力量，所以成功实现了债务逆袭。

“借鸡生蛋”并非不劳而获，而是巧妙利用自身资源，借助他人之力，实现逆风翻盘。事实上，几乎所有牛人的成功，都懂得借用他人的力量，来实现财富的增值，当然也包括实现债务的翻盘。因此，即使你现在负债累累，也不妨尝试从亲戚、朋友，甚至陌生人那里寻求力量，这也许能帮我们尽快摆脱债务的困扰。

课堂小延伸

学会借力，这不仅是一种能力，还是一种智慧。在我们的日常生活中，适度的房贷、车贷、刷信用卡，都属于良性负债。学会在控制成本及风险的基础上，合理规划和理性负债，也是帮助我们提前实现生活梦想以及降低创业门槛的一种方式。

债务压身，应急基金就是你的“保护伞”

在我们的日常生活中，总会遇到一些意想不到的情况，比如突发的疾病、失业、车辆故障等。试想一下，假如你明天失业，你能支付抵押贷款直到找到新工作吗？因生病而被迫停工的日子，怎样维持家庭日常开销？面对生活中的不可预测，你是否感到焦虑？很多意外事件可能会给我们的财务状况带来巨大的冲击，如果没有提前做好准备，很可能会陷入经济困境因此，制订应急基金计划是个人理财中非常重要的一环。一笔稳健的应急基金能为你提供财务上的安全感。建立应急基金，可以在这些突发情况下提供必要的财务缓冲，帮助我们保持生活的稳定。

应急基金就是一笔专门为应对突发情况而准备的资金。这笔资金应该能够满足您在没有收入的情况下，维持至少 3~6 个月的基本生活开销。应急基金的作用就像是一把保护伞，在风雨来临时为你遮风挡雨，让你能够保持相对稳定的生活。也许很多人会认为自己当务之急是还债，没有余力建立应急基金。事实上，建立应急基金并不难，因为应急基金不是长期储蓄，需要长期坚持。接下来，我们详细看一下，如何在负债情况下还能建立应急基金。

明确你的生活开销

首先，要清楚地了解自己每个月的花费，才能准确地计算出应急基金的数额。你可以将日常开销分为几个大类，比如房租或房贷、水电费、食品、交通、医疗保健、保险等。然后，仔细记录每个月在这些方面的支出。建议你记录至少 3 个月的开销，这样可以得到一个更准确的平均值。

确定应急基金的目标数额

根据前面计算出的平均月开销乘以 3~6 个月，这就是你的应急基金目标数额。应急储蓄基金能够覆盖的支出范围，如医疗费、生活费、家庭开支等。一般来说，紧急储蓄基金的目标应该相当于你生活费用的 3~6 个月。

如果你的工作稳定性较差，或者家庭经济负担较重，建议选择 6 个月的标准；如果你的工作比较稳定，风险较小，那么 3 个月的储备可能就足够了。

选择合适的储蓄工具

应急基金的特点是需要随时能够支取，并且安全性要高。因此，择一个安全、易于取款但不过于便利的账户，以避免频繁取款。理财工具如活期存款、货币市场基金等都是合适的选择。缺点是收益较低；货币基金的收益相对较高，同时也具有较好的流动性，一般可以在 T+1 日到账。

制订储蓄计划

明确了应急基金的目标数额后，就需要制订一个切实可行的储蓄计划来实现这个目标。你可以每月设定一个固定的储蓄金额，从工资中优先扣除。如果有额外的收入，比如奖金兼职所得等，也可以拿出一部分放入应急基金中。

在储蓄的过程中，要注意避免一些常见的错误。比如，不要把应急基金投资到高风险的理财产品中，以免在需要用钱的时候无法及时变现；也不要随意动用应急基金，除非是真正遇到了紧急情况。

克制用途

紧急储蓄基金应该专门用于紧急情况，避免将其用于非紧急支出。如果基金被使用，务必及时补充，保持基金的可用性。

定期检查和更新

定期检查你的应急储蓄基金的进展，根据生活状况的变化可能需要更新目标金额，保持基金与实际需求的匹配。

另外，还需要定期评估和调整你的应急基金计划。随着生活状况的变化，比如收入的增加或减少、家庭人口的变化等，你的生活开销也会有所改变。因此，每隔一段时间（比如每年），就需要重新评估一下应急基金的目标数额，并根据实际情况调整储蓄计划。总之，制订应急基金计划是一项需要长期坚持的工作。它可能不会让你在短期内看到明显的收益，但在关键时刻，却能为你提供坚实的财务保障，让你能够从容应对生活中的各种突发状况。

以下是阿明近三个月的收入支出表，通过这张表，阿明计算出平均月开销是 7500 元，因此，阿明为自己建立了 22500 元的应急基金计划，月储蓄 3750 元，存 6 个月即可完成应急基金。

表 4-1

时间	固定收入金额（元）	副业收入金额（元）	固定支出金额（元）	非固定支出金额（元）	剩余金额（元）	应急基金金额（元）	应急基金计划 / 月 / 金额（元）
5 月	15000	1500	4500	医疗 2600	9400	7500	3750
6 月	16500	1200	4300	培训 3500	9900	7500	3750
7 月	21000	800	4600	旅游 3000	14200	7500	3750

在不可预测的生活中，突发事件和意外情况可能随时出现。建立应急基金是应对生活突发事件的重要财务工具。它可以为你和你的家庭提供安全网，应对意外支出和突发情况。通过合理规划紧急基金的规模、资金来源和投资策略，我们可以在面对生活中的不确定性时保持财务稳定，守护家庭安宁，实现更稳定、有序的财务生活。

课堂小延伸

建立应急基金，必然需要储备一笔资金。从短期来看，这么做无疑会占用用于偿债的资金，导致现金流变得紧张，债务偿还周期也可能被拉长。然而，从长远来看，应急基金所赋予的强大风险抵御能力，对负债管理的稳定意义深远。请结合自己的财务状况，为自己建立一笔应急基金吧。

让利益捆绑，负债压力悄然转嫁

2025年年初的一份研究报告显示，高收入家庭的债务偿还率仅为20%，而低收入家庭的债务偿还率却高达70%。据相关媒体报道，我国负债人群已高达3亿，大致分为几大人群，房贷车贷、生意赔钱、重病举债、婚丧嫁娶、实体店铺、股市、赌债、网贷等。

面对债务问题，普通人除了按部就班地上班还债以外，也无计可施，于是，每个月的工资大部分都用来还债，兜里所剩的钱捉襟见肘，让自己的日子过得很紧巴。难道真的没有别的办法应对沉重的债务问题吗？为什么有钱人动辄负债几个亿，生活照样过得轻松自在，丝毫不见被债务压垮的疲态。普通人负债几万就被压得喘不过气来？这背后的差距究竟在哪里？答案就在于，有钱人深谙转嫁与化解债务压力的门道，不会像普通人一样，循规蹈矩地上班，靠着微薄收入一点点地还债。他们凭借对市场的敏锐洞察、丰富的人脉资源和高超的资本运作手段，巧妙地将债务压力转化为前进的动力，在债务的旋涡中，也能游刃有余。

单打独斗永远收获不满利益，只有开启合作，才能赢取全部利益。犹太人非常善于经商，他们建工厂，开面包店、饭店、超市，但仅仅是靠开店就能赚到这么多钱吗？显然不能。而是他们利用这些资源进行合作，不仅能帮助其他老板赚钱，自己也能赚到钱。这就是商界中常见的一种合作方式：价值利益共同体，让双方赢取更多的效益。

在风云变幻的金融市场中，利益捆绑与负债压力转嫁是一种常见的经济现象。许多深陷债务泥沼的企业和个人，之所以能成功脱困，往往是因为他们敢于突破传统思维定式，以全新视角审视债务问题。其实，当你面临债务困境时，只要转换思路，尝试从利益关联的角度出发，就能发现潜在的合作契机，从而巧妙地实现负债压力的转移。

下面，我们通过典型的案例分析如何利用利益捆绑，实现负债压力的转化。

案例 1：数字资产偿债创新

某网络作家背负了 120 万元的债务，为了减轻债务压力，作家将未完成的作品未来收益的 30% 做成 NFT（即非同质化代币，是一种具有独特标识且不可互换的数字资产，本质上是一种具有价值的虚拟互联网物品）。通过拍卖募集资金偿还 120 万元债务，同时保留著作权后续开发权益。

此案例打破了传统偿债模式，创新了数字资产偿债方式，为数字资产在债务化解中的应用提供了新思路。

案例 2：社区支持型偿债

某早餐店老板有一笔 56 万元的债务，他巧妙联合社区推出“早餐卡预购偿债计划”。此计划一经推出，便得到了社区居民的大力支持，将近 300 位居民踊跃预付两年早餐费，这一计划成功助力老板化解债务。

这个策略不仅体现了社区支持在债务化解中蕴含的强大力量，还进一步增强了社区的凝聚力与邻里间的互助精神。

案例 3：房屋出租化解房贷压力

小张因自住需求购买了一套小两居的房子，每月需向银行还款 3500 元的房贷，但小张月薪只有 6000 元左右，一家的开销全靠这点工资，还完房贷后工资所剩无几。于是，小张申请了 2000 元的公积金，用公积金还部分房贷，将另一间闲置的屋子收拾出来出租出去，然后用租金偿还每月剩余的房贷。通过这一系列的操作，小张每月可以轻松自如地应对购房贷款。

此案例中，小张购买房产是为生活刚需，为了减轻负债压力，将其中一间房屋出租，并用住房公积金还房贷，成功化解房贷压力。

案例 4：利益共同转嫁债务压力

老李曾是大学化学老师，后辞职创业打造护肤品牌。其产品效果佳，却因他擅长研发，不懂销售管理，致使产品积压，负债累累。绝望之际，产品加工厂宋老板询问护肤品的生产计划，让老李灵光一闪：工厂与自己利益相关，何不合作？自己专注研发，销售交予工厂。

老李将想法告知宋老板，立刻获认可。宋老板认为没人比自己更懂选材与前沿技术，便开启电商直播。在其努力下，积压产品迅速售罄，销量翻 10 倍。

此案例中，老李不懂营销且身负重债，却巧妙转嫁销售任务，专心研发还清债务。宋老板也因与优秀的老李合作，保障工厂稳定运营。双方各展所长，实现共赢。

根据以上案例，我们总结分析转嫁化解债务压力的思维定式，化解债务危机需要突破传统思维定式，建立“三维一体”的解决方案。

表 4-2

思考维度	思维定式
法律维度	活用个人破产与债务重组制度
经济维度	创新价值转换与资产运营模式
社会维度	构建支持性生态与人脉资源重建机制

当你深陷债务泥沼时，不妨换个思路，寻找能与你利益捆绑的对象，双方共同承担风险，共同获取收益。为此，你需要深谙转嫁与化解债务压力的门道，并且能够及时洞悉利益捆绑的精髓，一旦你学会巧妙地将债务压力转化为动力，即使身处债务的旋涡之中，也能轻松应对。

课堂小延伸

看完文中的案例，你是不是对偿还债务有了新的认识，不再只居于辛苦工作赚钱还债了。利用自己可用的资源条件，尝试为自己转嫁债务压力吧。

财富名言

- 法律总是把全民的安全置于个人的安全之上，但个人财产安全也是全民安全的重要组成。

- 人们在一起可以做出单独一个人所不能做出的事业；智慧 + 双手 + 力量结合在一起，几乎是万能的。

- 商业合作必须有三大前提：一是双方必须有可以合作的利益，二是必须有可以合作的意愿，三是双方必须有共享共荣的打算。此三者缺一不可。

- 我拿着一只大盾，保护两方，不让任何一方不公正地占据优势；我制定法律，无贵无贱，一视同仁。

- 法律提供保护以对抗专断，它给人们以一种安全感和可靠感，并使人们不致在未来处于不祥的黑暗之中。

第五章

扭转“钱”坤

实现财富逆袭

在现今社会中，负债已经成为许多人生活中不可避免的一部分。负债累累时，千万不要以贷养贷，否则只会越陷越深。应该全面梳理自己的财务问题，减少不必要的开支，积极提升主业收入，并拓展副业，利用一切可利用的资源变现，按照还款计划逐步摆脱债务的束缚，实现财务的健康和稳定。

深耕主业，靠实力打破负债困局

债务的压力如泰山般压下，许多人容易陷入焦虑、沮丧甚至绝望的情绪中，觉得前途一片黑暗。但实际上，每个人手中都握着一把逆袭人生的“钥匙”，那就是主业。主业是我们赖以生存的根本，深耕主业，便是那把打开逆袭之门的钥匙。

在你熟悉的主业领域，藏着你最坚实的底气。每个人在自己擅长的领域，都有着独特的优势和潜力。当你专注于主业，不断钻研、提升技能，就能把优势发挥到极致，就可以获得更高的薪资和更好的职业发展机会，创造出更大的价值。这样不仅可以增加我们的收入来源，还可以让我们在职业道路上更加稳健地前行。所以，千万别被负债吓倒，负债人生只是短暂的一部分，我们都可以通过深耕主业扭转局面，成功翻盘。

张华是一家公司的设计师，由于房贷的压力，让张华思考怎样提升收入。平面设计的专业技能就是他的核心竞争力，他开始重新系统地学习设计软件，从基础的操作到高级的特效制作，每一个细节都不放过。以前，他只会用 Photoshop 进行简单的图片处理和排版，现在他深入学习了 Illustrator 用于矢量图形设计，还掌握了 C4D 进行三维建模和动画制作。通过不断练习，他的设计作品从普通变得独具创意，无论是色彩搭配还是布局结构，都有了质的飞跃。

在工作中，他主动争取一些难度较高的项目。比如为一家知名企业设计品牌宣传海报，这个项目要求将企业的文化理念、产品特点以及独特的品牌形象完美融合。张华运用新学到的技能，经过无数次的修改和完善，最终交出的作品得到了客户的高度认可，不仅为公司赢得了丰厚的利润，也为自己赢得了声誉。

在当今这个信息时代，要想不断提升你的主业技能，同时积累丰富的经验，可以有诸多选择：比如，你可以利用丰富多样的线上学习资源，报名参加在线课程，跟随国内外知名的老师学习最新的专业知识。通过线上学习，我们能够随时随地根据自己的时间安排学习进度，并且还能反复观看课程视频，加深理解。除了线上学习，还可以积极参加线下的实践活动和培训课程。通过这些实践，可以有效提升我们的实际操作能力，将理论知识转化为实际技能。

此外，我们还可以利用业余时间参加一些和专业相关的比赛，或职业技术等级考试。比赛不仅能够检验自己的学习成果，还能接触到更多优秀的行业大佬，了解行业的前沿水平。更重要的是，职业技能竞赛和职业登记证书是一个行业的通行证，能给自己带来更多机会，它具有超高的可信度和含金量，让你在行业中脱颖而出。

为了逆风翻盘，我们需要明确自己的目标并找到正确的方向，以便更好地规划自己的未来。为此，我们不妨从以下几个方面深入思考，从而为自己的职业发展筑牢根基。

关于职业发展的目标：你是否处在前景颇好的行业或岗位？是否有机会升职或获得更高的收入？

关于收入增长：你知道如何增加自己的收入吗？你是否有副业或额外的收入来源？是否可以提高自己的技能，以获得更好的待遇？

关于财务规划：你是否有着明确的财务目标，包括储蓄、投资、房屋购买等？你希望在多长时间内实现这些目标？

关于个人成长：你是否思考过自己的个人成长目标？是否希望提升技能、扩大知识面或提升个人品质？

通过思考和探索这些问题，能帮助你明确自己的目标，并找到正确的方向。坚持思考并制订计划，能够更加积极地迈向翻身之路，并实现自己所期望的成就。

当然，想要加速翻身的过程，机会很重要。我们需要靠近那些在行业中有影响力的人，并与他们携手。在这里，我们总结了几个可以高效拓展人脉资源的途径，每一个都可能成为你开启人生新篇章的桥梁。

寻找导师

在你所从事的专业领域里，那些极具影响力和丰富经验的前辈都可以成为你的导师。你可以通过各种渠道与他们建立联系，并诚恳地向他们寻求指导和建议。导师不仅可以帮你更好地了解行业内部的潜在机会，还会分享他们的成功经验，让你少走弯路。

参加行业活动

你可以积极参加行业内的研讨会、展览会或社交活动。这些活动提供了与行业内大佬接触的最佳机会。与他们进行深入交流，并了解他们独到的见解和观点，不仅能拓宽你的行业视野，还能为日后的合作打下基础。

社交媒体互动

平时你可以多留意社交媒体平台上行业大佬的活动，积极参与他们的互动讨论。然后，通过评论分享他们的观点，或是在私信中表达你对他们的赞赏。这样的互动可以帮你与他们建立起初步联系，为日后展示个人价值和才华创造机。

创造合作机会

此外，你还需学会主动寻找与大佬合作的机会。比如，你可以提供自己的专业知识和技能，为他们提供切实的帮助。通过与大佬的合作，你不仅能从他们身上学到宝贵的经验，还能借助他们的人脉资源，为自己的职业发展赢得更多支持。

深耕主业，除了学习专业知识，提升专业技能外，在工作中，我们需要积极参与各种活动和项目，包括公司内部培训、团队建设、业务拓展等。通过积极参与，可以更好地锻炼自己的沟通能力和领导才能，拓宽自己的视野和人脉，提高自己的职业素养和发展空间，才能更好地适应职场的变化和挑战，实现个人职业发展的目标。

课堂小延伸

2025 年初，国产 AI 应用软件 DeepSeek 凭借着强大的实力在全球人工智能领域掀起了惊涛骇浪。通过其创新的模型架构和训练方法，实现了高效的底层算力利用和出色的模型性能，提供了一种智能、精准的搜索技术解决方案。DeepSeek 崛起让越来越多的职业面临着被取代的风险。因此，我们需要重新审视自己的能力和价值，积极学习专业知识，提升技能，适应和融入新的技术和环境，以便更好地为社会服务。

副业多元化探索，钱从四面八方来

当今社会，随着物价的不断攀升，很多人仅靠单一的收入，往往难以满足日常生活开销，更别提实现财富自由的梦想了。若是不幸被债务缠身，日子更是捉襟见肘。好在，副业的出现就像一道曙光，给我们带来了一线转机。副业不仅收入灵活，而且操作相对自由，哪怕是利用零碎时间，也能快速上手，正因如此，越来越多的人将目光投向副业，踏上了多元化增收的道路。

为了实现“钱从四面八方来”的美好愿景，接下来，我们就为大家详细介绍几个热门的副业项目，助力你早日开启财富增长的新通道。

自媒体创作：记录生活，收获财富

自媒体行业的兴起，为大众提供了一个展示自我、分享知识与生活的广阔平台。无论是文字、图片还是视频形式，只要内容有价值、有趣味，就能吸引受众，进而实现变现。

1. 人工智能创作

2025 年年初，随着 DeepSeek 的火热兴起，让很多人在人工智能领域发现商机。众多创作者在自媒体平台上开通多个账号，利用 DeepSeek 制作图文内容，分享专业知识、生活经验等。由于内容贴合实际，实用性强，吸引了很多人关注。随着粉丝量的增加，阅读量的增加，就可以接到一些商家的广告，创作者便可以从中收获丰厚的回报。

2. 视频自媒体

抖音、B站等视频平台为普通人提供了展示才华的舞台。可以利用业余时间拍摄短视频。根据自己的兴趣爱好选择领域。例如：如果你热爱美食，探店博主便是绝佳之选，用镜头捕捉街头巷尾的烟火气，用视频和文字传递舌尖上的奇妙滋味；如果你热衷于旅游，旅游博主这一身份再合适不过，在山川湖海间留下足迹，在旅途中分享风土人情，带观众领略世间万千风光。前提是一定要选择自己擅长且感兴趣的领域。

如果实在是没有什么兴趣爱好，也可以单纯地记录自己还债的生活，近年来，短视频平台负债还债的博主流量和热度都很高。当粉丝量达到一定规模后，可以承接一些品牌的推广任务，收入相当可观。也可以开直播带货，也能获得直播打赏和销售提成。

电商兼职：小投入，大回报

电商行业的发展为兼职者提供了诸多机会，无须大量资金投入，通过一些简单的操作就能开启赚钱之路。

1. 无货源电商

在拼多多平台开设一家家居用品店，不需要自己囤货，而是从其他电商平台选取热门家居产品，将图片和描述进行优化后上传到自己的店铺。当有顾客下单时，再去原平台购买商品，直接发货给顾客，赚取差价。

2. 付费课程二次销售

相信很多人都或多或少地购买过付费课程，这些课程可能几百元，也可能大几千元，学完后就存电脑文件夹吃灰了。其实，这些名人讲座、课件自带流量，不愁销量。把它们放在二手交易平台或淘宝店铺，有人下单就能产生收益，长年累月积攒也是一笔不小的收入。

服务类兼职

前面的兼职方案可能很多人会说不适合自己，做自媒体需要漫长的时间才能变现，而且还需要有才艺和技能；投身电商，没有销量就赚不到钱，对于急需钱来解燃眉之急的人来说，用这些兼职赚钱根本就是远水解不了近渴。别着急，接下来要介绍的兼职就很适合你了。这些兼职大多都是日结，而且多劳多得，能快速缓解你的资金压力，让你看到实实在在的收入增长。

1. 出行类兼职

利用业余时间跑出租、送外卖、同城送件等兼职，是时间短、变现快的有效方式之一。当然，这些兼职也相对需要付出很多的体力劳动。

2. 餐饮服务类兼职

很多餐饮店都有服务员、收银员等兼职人员的需求，像在餐厅、咖啡馆、酒店等场所从事服务工作，包括迎接顾客、点餐、上菜、收银工作等。除了可以赚兼职工资以外，餐饮行业大多包含食宿，也能节省一些生活开支。

3. 陪诊师

目前陪诊师的需求量很大，很多老年人在医院的自助机面前不会操作，而且挂号、排队、缴费等环节对于患者或老年人来说烦琐且耗费体力，陪诊师可以为患者提供专业陪伴，协助高效就医，节省时间和精力。同时，陪诊师的收入非常灵活，按单结算，多劳多得。

线下体验类兼职：亲身感受，获取报酬

线下体验类兼职通过亲身参与一些活动或项目，为相关方提供反馈和数据，从而获得报酬。

1. 市场调研

市场调研公司经常需要招募志愿者参与各类调研活动。比如，可以关注

一些市场调研公众号，看到有合适的调研项目就报名参加。公司为了推出一款产品，招募消费者进行产品测试和市场反馈调研。一般来说，这类市场调研活动时间不会太长，从几十分钟到几个小时不等，报酬根据活动的复杂程度和时长而定，每次在100~500元之间。

2. 酒店试睡员

酒店试睡员也是一种有趣的线下体验兼职。作为试睡员，需要入住指定酒店，对酒店的环境、服务、设施等方面进行全面体验和评价。拍摄酒店房间、公共区域的照片，记录下从办理入住到退房的每一个细节感受，然后撰写详细的试睡报告。酒店根据报告质量和影响力，给予一定的报酬，通常每次试睡能获得300~800元的报酬，有些高端酒店的报酬可能更高。同时，还能免费享受酒店住宿，为自己的旅行节省了费用。

在这个充满机遇的时代，副业多元化探索为我们打开了一扇扇增加收入的大门。无论是自媒体创作、电商兼职、技能服务类兼职，还是线下体验类兼职，只要我们善于发现、勇于尝试，结合自身兴趣和特长，选择适合自己的兼职项目，并持之以恒地努力，就能实现“钱从四面八方来”的目标，让生活变得更加丰富多彩，经济更加宽裕。

课堂小延伸

文中列举的这些兼职，哪个是你擅长的呢？选择你擅长的兼职，开启你的副业财富计划吧！

知识变现的时代，让知识创造财富

在当今这个信息爆炸的时代，知识已然成为一种极具价值的资产，能够实实在在地创造财富。而技能作为知识的实践应用，更是在知识变现的浪潮中扮演着关键角色。从知识付费、课程变现，到凭借网络小说创作、家教辅导，以及各类专业技能如钢琴教学、兼职编程、设计、插画、摄影、剪辑等，人们正以前所未有的方式将自己的知识技能转化为可观的经济收益。不仅如此，当生活面临债务的挑战时，这些知识和技能还能帮助负债者点亮一盏希望之灯，帮助他们逐步偿还债务，重新找回生活的掌控权。

用知识变现开启财富之门

知识付费是近年来兴起的一种知识变现模式，它为拥有专业技能和知识的人提供了一个直接面向市场的平台。

吴皓是一位资深的平面设计师，在多年的工作实践中积累了丰富的设计技巧和创意理念。他通过在专业的知识付费平台上开设课程，将自己的设计技能体系化地传授给有需求的学员。课程内容涵盖从基础的设计软件操作，到高级的品牌视觉形象设计，每一个知识点都结合实际案例进行讲解，让学员能够快速理解并应用到自己的设计项目中。

这些课程定价从几十元到上百元不等，根据课程的难度和时长有所差异。由于课程质量高，实用性强，吸引了大量对平面设计感兴趣的学员购买。随着购买人数的不断增加，吴皓每月仅通过知识付费课程就能获得数万元的收入。

课程变现不仅仅局限于线上的知识付费平台，线下的技能培训课程同样具有巨大的市场潜力。以钢琴教学为例，钢琴教师可以开设线上付费钢琴培训课程、线下培训班、组织学员参加各类钢琴比赛和演出活动等，都可以从中收取一定的费用。此外，还可以与乐器销售商合作，为学员推荐购买钢琴，获得相应的销售提成，通过多元化的方式变现。

网络创作让名利双收不是梦

网络小说创作也是知识技能变现的一个重要领域。近几年，网络小说平台如雨后春笋般迅速崛起，海量的读者需求让优质网络小说始终处于供不应求的状态。如果你平日里就对小说感兴趣，脑海中时常蹦出各种奇妙的故事构思，不妨动笔开始创作吧！

孟华是一个热爱文学创作的年轻人，凭借自己丰富的想象力和扎实的文字功底，投身于网络小说创作。他深入研究网络文学市场的流行趋势，结合自己擅长的玄幻题材，创作出了一部情节跌宕起伏、人物形象鲜明的网络小说。

在创作过程中，他注重与读者的互动，根据读者的反馈及时调整故事情节，吸引了大量的粉丝关注。小说在知名网络文学平台上连载后，通过平台的订阅分成模式获得收益。随着小说的人气不断攀升，订阅量也水涨船高，他每月的稿费收入可达数万元。不仅如此，他的小说还被影视公司看中，获得了影视改编版权费，进一步实现了知识技能的多元化变现。

不得不说，在当今多元化的商业格局中，知识技能可以借助多种渠道，在更为广阔的市场环境中实现多元化的变现。在变现方式上，可以选择与平台签约。一旦成功签约，平台就会每月按时给你发放固定报酬，让你的创作有稳定的经济保障。另外，小说人气越高、流量越火爆，阅读收益也就越丰厚。也就是说，只要你的作品足够精彩，吸引众多读者，就能在收获粉丝喜爱的同时，还能收获很可观的阅读收益，名利双收不再是梦。

用代码敲出财富之路

在互联网时代，编程技能的需求日益增长，导致兼职程序员也成了一种热门的知识变现工种。在完成本职工作之余，你可以通过网络平台承接一些适合你情况的编程项目，比如网站开发、移动应用程序开发、企业内部管理系统定制等。通常，雇主会根据项目的复杂程度和工作量来报价，你可以凭借自己熟练的编程技能和高效的工作效率，用代码为自己敲出一条财富之路。随着客户资源的不断积累，你的收入也会越来越高。

创意技能的市场价值前景无限

如果你在某些创意领域拥有别具一格的才能，同样可以凭借这些优势，在知识变现的时代大放异彩。如果你是一位平面设计师，你可以根据客户的品牌定位和需求，运用自己独特的创意和设计技巧，为客户打造出具有吸引力的设计作品，比如品牌 LOGO、宣传海报、包装等。如果你是一位插画师，可以通过为图书、杂志、广告、游戏等提供插画作品来实现知识变现。同时，你还可以将自己的插画作品制作成周边产品，如明信片、书签、手机壳等，然后在电商平台上进行出售，进一步拓展收入来源。如果你是一位摄影师，可以凭借自己的摄影技术，为个人和企业提供摄影服务。当然，你还可以将自己拍摄的优秀作品上传到图片素材网站，通过图片授权获取收益。

此外，随着短视频行业的蓬勃发展，剪辑师的市场需求也越来越大，这便为他们提供了更多知识变现的机会。在这个知识变现的时代，只要我们拥有一技之长，并善于将其与市场需求相结合，就能够通过各种途径实现知识技能的价值转化，创造出属于自己的财富。无论是通过线上的知识付费、网络创作，还是线下的技能培训、服务提供，每一种技能都蕴含着无限的潜力。让我们充分发挥自己的知识技能优势，在知识变现的浪潮中乘风破浪，开启属于自己的财富之旅。

课堂小延伸

知识变现不仅是一个商业模式的兴起，更是一种对个体价值的认可和释放。利用个人将自己掌握的知识、技能和经验通过适当的方式包装和传播，最终实现知识的价值经济化。

闲置物品在家“吃灰”不如卖了变现

在我们的家里，或多或少都有一些闲置物品，它们占据着家中的空间，落满灰尘，却许久未曾被使用。这些闲置物品并非毫无价值，只要合理利用，就能让它们“重获新生”，为我们带来一笔额外的收入。

接下来，我就为你盘点一下那些被冷落的闲置物品，看看它们是否也静静地躺在你的家中，等待着被重新发现价值。

在闲置物品中挖出“真金白银”

1. 衣物、鞋子、饰品

衣物是常见的闲置物品之一。无论是因为身材变化、款式过时，还是冲动消费后不再喜欢，衣柜里总有一些衣服被遗忘。

闲置的鞋子也有不少潜在买家。比如品牌运动鞋，尤其是限量版的运动鞋，即使有点旧，也会有买家购买。

首饰的典卖是很常见的，尤其金饰的市场价一直是比较稳定的，除了金饰以外，一些时尚的饰品，在二手市场上也非常受欢迎。

2. 护肤品、家用日化用品

电商直播带动下，很多消费都是冲动消费，例如：面膜囤一箱、洗衣液囤 10 桶，出于买得多优惠力度大的诱惑，导致很多不是刚需的物品囤了一大堆。这些护肤品、日用品若未开封且在保质期内，就有市场价值。对于知名品牌的热门产品，尤其容易吸引买家。如果是一些小众但口碑好的品牌，分享自己使用后的真实感受，更能增加产品的可信度和吸引力。

3. 电子设备和小家电

家里的电子设备、小家电闲置“吃灰”，不如让它们摇身一变，成为你的小金库。闲置手机、平板电脑性能依旧在线，能给学生党作为学习神器；小型煮锅、电熨斗轻巧实用，适合租房一族。与其让它们在角落积灰，不如挂上二手交易平台，简单拍照、如实描述，等待识货买家。快速变现，既能腾出空间，又能收获一笔意外之财。

4. 书籍、乐器等

各类闲置书籍和乐器也是可以变现的资源。如果是热门的畅销书，可提及书籍的内容价值，对读者在知识获取、思维启发等方面的帮助。对于专业书籍，针对相关专业人士或学习者，强调其权威性和实用性。

对于很多想零基础学习乐器的人来说，二手乐器是性价比极高的选择。通过二手交易平台，让它们找到新归宿，不仅能为自己换来一笔收入，还能让知识与音乐在他人生活里重焕生机。

找到了“沉睡”的闲置品，又该如何把它们转化为看得到的“真金白银”呢？这里有一些行之有效的变现渠道，或许可以帮你解决燃眉之急。

闲置物品的变现渠道

1. 二手交易平台

闲鱼：这是国内知名的二手交易平台，用户基数庞大，操作便捷。只需上传物品图片，详细描述物品信息，设定价格即可发布。平台还提供多种推广方式，如“擦亮”功能，能让物品在搜索结果中更靠前，增加曝光度。同时，闲鱼社区活跃，可与买家进行交流，解答疑问，提高交易成功率。

转转：专注于二手 3C 产品交易，在电子产品领域有较高的专业性和信誉度。除了电子产品，其他各类闲置物品也可在平台上售卖。转转提供验机服务，对于一些高价值的电子产品，可选择官方验机，增加买家信任度，促进交易。

2. 社交媒体平台

微信朋友圈：这是一个基于熟人关系的销售渠道。在朋友圈发布闲置物品信息，朋友之间相互信任，交易相对便捷。可以定期整理物品，制作成图片或短视频，配上详细的文字介绍，发布时可设置分组可见，针对有相关需求的朋友进行推广。同时，鼓励朋友帮忙转发，扩大信息传播范围。

小红书：以年轻用户群体为主，适合时尚类、生活类闲置物品的销售。通过发布精美的图文笔记，分享闲置物品的使用心得、成色等信息，吸引有相同兴趣爱好的用户关注。在笔记中合理使用热门话题标签，如"闲置转让""二手好物"等，提高笔记的曝光度。与评论区的用户积极互动，解答疑问，引导购买。

3. 校园或社区平台

校园论坛或表白墙：对于学生群体，校园内的论坛或表白墙是很好的闲置物品交易平台。可以发布求购或出售信息，价格相对亲民，适合学生之间的交易。比如书籍、电子产品、衣物等都很受欢迎。交易时可选择在校园内当面交易，方便快捷且安全。

社区群或物业平台：在居住的社区群里发布闲置物品信息，面向邻里乡亲，大家彼此熟悉，交易风险较低。一些生活用品、家具等适合在社区内交易。还可以参加社区组织的跳蚤市场活动，将闲置物品带到现场展示售卖，增加与买家的直接交流机会。

4. 专业平台

孔夫子旧书网：是专门针对书籍交易的平台，对于闲置书籍的销售非常友好。平台上有大量的书籍爱好者和收藏家，能精准匹配到有需求的买家。

在平台上发布书籍时，要详细填写书籍的版本、品相、是否有签名等信息，提高书籍的吸引力。

吉他中国论坛：是乐器销售平台，会聚了众多乐器爱好者和从业者。在这些平台上销售乐器，能接触到更专业的买家。发布信息时，除了基本的乐器介绍，还可以分享乐器的演奏视频，展示其音色和性能，增加买家对乐器的了解和兴趣。

家中的闲置物品不要继续在角落里“吃灰”，快拿出来，选择合适的销售渠道，让它们变成实实在在的现金。无论是衣物、鞋子，还是电子设备、书籍，每一件闲置物品都有可能在新的主人手中发挥新的价值。这样不仅能清理家中空间，还能获得一笔额外收入，何乐而不为呢？

课堂小延伸

阅读本篇文章，想必你一定新奇发现，原来家里还有这么多东西可以变现。快把这些闲置物品变卖了让它们发挥原本的价值吧！

抓住时机，在负债中逆风翻盘

在财富的海洋里，那些赚得盆满钵满的人，像是装了雷达信号一般，能敏锐地捕捉到商机，进而创造出巨大的财富与价值。但是在经济浪潮的起起伏伏中，债务问题始终如影随形。然而，即使面对这种复杂的经济环境，那些深谙财富之道的人，依然能突破常规思维，精准地抓住机遇，同时还能在债务困境中巧妙地找到破局的突破口。

接下来，我们将结合债务领域的独特性，总结出几种发现商机的途径，只要利用好这些途径，就能帮你抓住致富先机的同时，也依然能摆脱债务的困扰。

深入了解行业发展动态

深入了解某一个行业、某个产品、某个领域，关注行业发展和变化，以及消费者的需求和痛点。当你在一个行业里面一定要做到专家，对市场情况和熟悉，这样你就会有很敏锐的嗅觉。

另外，还要有商业思维。商业思维是一种发现问题、分析问题和解决问题的能力。在当今社会，商业领域的竞争日益激烈，具备商业思维的人更容易抓住商机，实现财富增长。因此，培养商业思维对于个人发展和成功至关重要。

分析行业趋势

分析行业趋势也是发现商机的重要途径。通过研究行业报告、数据分析等，了解某个行业的发展方向和潜在的增长领域。例如，近年来电商行业的快速发展，带动了物流、直播带货等相关领域的崛起。

关注新技术的应用同样不容忽视。新技术的出现往往会创造新的商业机会。比如，人工智能技术在医疗、金融、教育等领域的应用，为这些行业带来了创新和变革的机遇。此外，从自身的兴趣和专业知识出发，也有可能发现独特的商机。如果你对某个领域有深入的了解和积累，就更容易在这个领域中发现未被满足的需求。

及时了解宏观 / 微观消息

了解宏观和微观信息，是把握机遇、应对挑战的关键。宏观信息，如国家政策走向、全球经济趋势、行业整体动态，宛如航海中的灯塔，为我们指引前行的大方向。它让企业知晓所在行业的发展前景，从而制定长远战略，也让个人能预判职业发展趋势，提前规划人生路径。

微观信息同样不可或缺，它聚焦于细节，比如行业的运营数据、客户的具体需求、产品的细微反馈。这些微观信息就像精密仪器，帮助企业优化生产流程、提升产品质量，满足客户个性化需求，增强市场竞争力。对我们个人而言，关注微观信息能让我们更好地处理日常事务，提升工作效率。

宏观与微观信息相辅相成，只有将二者结合，全面掌握，我们才能在时代浪潮中找准方向，稳健前行，及时捕捉行业机会。

积极参加活动、讲座

积极参加各类活动与讲座，是我们快速成长与拓宽视野的重要途径。每一场活动，都是一个汇聚多元思想与丰富经验的舞台，无论是学术交流、行业峰会，还是文化艺术展览，都蕴含着独特的知识与机遇。这些社交活动不仅可以拓宽你的人脉资源，让你结交更优秀的人才，还能让你在实践中感受到社会的多元性和复杂性。

讲座更是如此，专家学者、行业精英将自己多年的研究成果与实战经验倾囊相授。参与其中，我们能站在巨人的肩膀上看待世界，快速获取前沿知识，启发思维，提升自己的综合素养，为未来的发展积累能量。

商机并非凭空出现，它的发现依赖于多元途径。深入市场调研是基础，通过分析消费者需求、市场空白与痛点，精准定位，从中觅得商机。以下是总结的七种发现商业机会的方法，只有善用这些途径，才能在商业浪潮中抓住致富先机。

发现商机有哪些方法

1. 短缺商机：俗话说："物以稀为贵。"由于市场讲究稀缺资源，所以像春运的车票、山上的矿泉水、限量版的包等，这些稀缺的产品自然不愁销量。

2. 便利商机：像我们熟知的线上包邮、到家服务、半成品食品，可以说是花钱就能换来便捷的商品或是服务，在其背后永远都藏着无限的商机。

3. 通用需求商机：文娱领域的热度往往能催生商业发展的新契机。以2025年年初，票房成绩斐然的电影《哪吒之魔童闹海》为例，影片爆火的同时，相关文化周边产品也一度掀起了销售热潮。

4. 价值发现性商机：发现新用途、发现替代物，高效又省钱的事物永远不缺少市场，例如拍立得的发明取代了拍照需要漫长等待的老式相机。

5. 时机性商机：这些商机蕴藏于特定的时间节点之中，比如奥运会催生的旅游热潮、各种节日引发的消费需求，虽然这类商机稍纵即逝，但谁若是能以最快的速度满足市场需求，往往能收获丰厚的商业回报。

6. 关联商机：产业链上下游，相关行业、地区之间，一荣俱荣的关联。

7. 政策性商机：20 世纪 80 年代鼓励个体户，90 年代鼓励出口，近几年又鼓励创新创业，你若是能透彻理解这些政策背后的深意，就能在时代的浪潮中抓住难得的商机。

通过这七种方法，我们都可以从中寻找商业机会，只要我们用心去观察，用心去思考，平凡的生活中处处都有商机等着我们去挖掘。

通过上述的分析，我们简单制作一个表格，对比了不同类型商机的特点和可能的把握方式。

表 5-1

商业机遇	特点	把握方式
市场变化带来的商机	市场潜力大，需求明确	迅速推出满足消费者需求的产品或服务
科技发展带来的商机	创新性强，技术要求高	提升技能，建立技术优势，与相关企业合作
政策导向带来的商机	有政策扶持，稳定性高	符合政策导向，合规经营，争取政策优惠

时代变革的浪潮中，新的机遇不断涌现。不同领域的跨界融合也蕴含着无限潜力。我们要学会培养敏锐的洞察力，发现这些机会，并迅速行动，及时抓住它们，进而创造商业成就，改变自己的负债现状。

课堂小延伸

会赚钱的人，往往都很善于把握趋势，在时代变革中抓机遇。时代的发展与变革往往伴随着新的商机，身负债务的人更应该精准把握时代脉搏，顺势而为。

财富名言

- 我很重视我的主业投资，那是我财富的基石。但我也不排斥适当开展副业，就像寻找那些被低估的股票一样，找到合适的副业机会能让财富实现多元化增长。

- 专注于主业，把它做到极致，这是企业和个人立足的根本。但在有能力的情况下，拓展副业是为了更好地满足市场需求和自身发展，不能本末倒置。

- 在这个时代，知识就是财富的源头，把知识变成产品和服务，实现知识变现，是每个人都应该掌握的技能。

- 把自己的知识边界不断拓宽，然后将独特的知识体系进行变现，这不仅是商业行为，更是推动社会进步的一种方式。

- 商机无处不在，关键是要有发现的眼光和敢于尝试的勇气。很多时候，机会就在那些被别人忽视的角落里。

第六章

学会借势

让财富运势实现反转

当我们深陷债务泥潭时，往往会被身上的还款压力搞得焦头烂额，迷失了方向，却忽略了身边的人脉资源。其实身边的人脉资源就能帮你走出困局。从事金融行业的旧友，能为你提供债务优化的建议；昔日的合作伙伴，能在关键时刻帮你提供短期资金周转。坦诚地向值得信任的人倾诉你的困境，说不定人脉的力量就能帮你重新梳理债务，找到破局的关键突破口。

别不好意思寻求亲友的帮助

在一次心理调查中，数据显示，60% 的负债人面临的心理压力远大于经济负担。许多人在负债的阴影下苦苦挣扎，往往不是因为债务本身，而是被内心的障碍所困。更多人选择独自承受，原因之一便是“不好意思”。他们担心向亲友求助会被视为无能，害怕破坏自己在他人心中的形象，担心给别人添麻烦，更不愿面对可能遭遇的拒绝。这种心理如同一把无形的枷锁，将自己紧紧束缚，陷入自我禁锢的困境。

因为不好意思向亲友寻求帮助，于是，有些人为了偿还债务，无奈之下选择过度借贷，结果债务却像滚雪球一样越滚越大；还有些人因为过度焦虑，不仅影响了正常的工作和生活，在债务的旋涡中也是越陷越深。

其实，为了能让自己从负债的困境中解脱出来，反倒更应该真诚地坦白。或许你会面临身边亲朋好友的不理解，甚至是指责和教育，但这些反应并非是因为他们对你的冷漠无情，而是出于对你的关爱与帮助。毕竟亲友是你最亲近的人，当你向他们坦诚自己的债务困境时，自然能得到无价的情感支持；而且你要相信，关键时刻他们一定会伸出援手。他们会给予你理解、安慰和鼓励，让你感受到自己并非孤立无援；他们温暖的话语和坚定的支持，能帮助你缓解焦虑情绪，重拾信心和勇气，从而以更加积极的心态去应对困难。

因此，当你预知到自己近期的收入无法稳定覆盖支出时，务必与家人坦诚相告，勇敢地迈出这一步。

何菲因刷信用卡超前消费，欠下了一大笔债务，陷入了深深的自我怀疑和绝望之中。当她鼓起勇气向父母倾诉后，父母并没有责备她，而是给予她无条件的支持和鼓励，并帮她偿还了一部分债务。让她重新振作起来，有了重新规划人生的动力。

当债务压力朝你袭来时，人们内心的焦虑与“不好意思”往往会不断放大。其实，越是这种情况，我们越要打破“不好意思”的心理障碍。事实上，多数时候，亲友们不仅会给我们提供情感上的支持，还可能在实际层面上给予帮助。若是他们拥有一定的经济实力，就能提供直接的资金援助，帮助我们缓解燃眉之急。即使他们无法提供大额资金，也可能通过介绍兼职工作、提供商业合作机会等方式，帮助我们增加收入来源。此外，亲友们还可能凭借自身的专业知识和经验，为我们提供解决债务问题的建议和策略，如财务规划、债务协商技巧等。

那么，我们应该如何开口向家人、朋友坦白，寻求他们的帮助呢？

正确认识求助行为

我们要明白，向亲友求助并非是软弱或无能的表现，而是一种勇敢面对问题、积极寻求解决办法的智慧之举。每个人在生活中都会遇到困难，亲友之间相互扶持、共渡难关是人之常情。而且，接受亲友的帮助并不意味着我们就永远依赖他们，而是在困境中借助外力，让自己有机会重新站起来，日后再以合适的方式回报他们。

选择合适的对象和时机

在向亲友求助时，要慎重选择合适的对象。优先考虑那些与自己关系密切、经济状况相对较好且愿意提供帮助的亲友。同时，选择合适的时机也很重要。避免在对方处于忙碌、焦虑或自身也面临困境时开口。可以选择一个轻松、私密的场合，真诚地向对方倾诉自己的情况，让对方感受到你的尊重和诚意。

明确表达需求和还款计划

在与亲友沟通时，要清晰、明确地表达自己的需求。不要含糊其词，让对方猜测你的意图。同时，制订一个合理的还款计划，并向亲友说明。这不仅能让对方了解我们的诚意和解决问题的决心，也能让他们放心地提供帮助。

当我们成功获得亲友的帮助，走出债务困境后，千万不能忘记感恩与回报。感恩不仅仅是口头的感谢，更应该体现在实际行动中。我们可以在自己经济状况好转后，按照约定及时偿还借款，并给予一定的回报，如一份精心准备的礼物、一次温馨的聚会等，让亲友感受到他们的帮助得到了重视和认可。

面对债务压力和经济问题，我们不应让“不好意思”成为阻碍我们走出困境的绊脚石。勇敢地向亲友求助，借助他们的力量和支持，或许就能为自己打开一扇通往光明的大门。

课堂小延伸

主动与家人朋友坦白债务问题，让他们看到你的改变和努力，重新建立互信关系，这有助于你获得更多的支持和帮助。

负债累累时，让贵人帮你盘活困局

在人生的漫漫征途上，财富的获取往往并非仅靠个人单打独斗就能实现。很多时候，结识贵人并得其助力，如同掌握了一把神奇的钥匙，能够为我们打开财富的大门。贵人之所以珍贵，在于他们拥有独特的视角和丰富的经验，在关键时刻给予正确的指引，或许是提供关键资源的能人，他们的出现，能极大地改变我们的财富轨迹。

著名商业巨擘巴菲特，在其投资生涯初期，便遇到了对他影响深远的贵人——本杰明·格雷厄姆。格雷厄姆是价值投资理论的奠基人，他的投资理念犹如一盏明灯，照亮了巴菲特前行的道路。

当时，年轻的巴菲特对投资充满热情，但在方法和理念上仍在摸索。他潜心学习格雷厄姆的著作，并有幸进入格雷厄姆的投资公司工作。在那里，巴菲特近距离接触到格雷厄姆的投资策略，深入理解了“市场先生”的概念以及如何寻找被低估的股票。这些宝贵的知识和经验，成为巴菲特日后投资成功的基石。通过实践格雷厄姆的价值投资理念，巴菲特积累了最初的财富，并在此基础上不断发展创新，最终成为全球闻名的“股神”，坐拥巨额财富。

在人生的关键时刻，贵人可以给予我们智慧的指引，照亮我们前行的道路。不仅如此，贵人还常常能为我们提供关键的资源，这些资源如同搭建财富大厦的基石，助力我们不断攀升。

以创业者为例，他们在事业的起步阶段，往往深陷资金不足、人脉资源短缺的困境，若是再遭遇债务的困扰，每一步都走得如履薄冰。而贵人的出现往往能解决这些燃眉之急。他们不仅能带来充裕的资金，还能凭借自身广泛的人脉网络，为创业者打开一扇扇通往机遇的大门，同时扫除债务上的层层垒砌。

有个年轻的创业者，在创业初期，他怀揣着创新的共享理念，却苦于没有启动资金和推广渠道。

一次偶然的行业交流活动中，他结识了一位在投资界颇具影响力的人士。这位贵人被他的创业激情和项目前景所打动，不仅为他提供了一笔关键的启动资金，还利用自己的人脉资源，帮助他与各大供应商、合作伙伴建立联系，为项目的落地和推广铺平了道路。

凭借这些资源支持，该品牌迅速在市场上站稳脚跟，业务快速扩张，成为共享经济领域的佼佼者，创始人也因此收获了巨大的财富。

倘若没有这位贵人带来的资金与人脉资源，该创业项目可能因资金短缺、推广无门而夭折，创始人的财富梦想也将化为泡影。贵人还常常为我们带来意想不到的机遇，这些机遇是财富增长的重要契机。在演艺界，许多明星的成名之路都离不开贵人的提携。例如，某年轻演员初入演艺圈时，只能在一些小角色中徘徊，虽有演技却缺乏展示的机会。一次偶然的机会，他在片场的认真态度和出色表现引起了一位知名导演的注意。这位导演独具慧眼，认为他潜力巨大，于是在自己筹备的一部大制作影片中，给了他一个重要角色。这部影片上映后大获成功，该演员凭借出色的表演一夜成名，从此片约不断，身价倍增，财富也随之滚滚而来。正是这位导演贵人的赏识与给予的机会，让这位演员得以踏上财富增长的快车道。

贵人是成长路上的启明星，能以丰富阅历和独到见解，为我们拨开迷雾，指引前行方向。在事业拼搏时，贵人可能带来关键资源，助力项目推进，或是给予难得的合作机会，让我们实现阶层跨越。那么，我们普通人如何结识贵人呢？以下，我们总结了四个可以结识贵人的方法，通过这四个方法，更易结识贵人，改写人生轨迹。

提升自身的价值，绽放魅力引贵人

贵人往往更愿意与有能力、有潜力、积极向上的人交往。我们应不断学习，提升专业技能，培养良好的品德和素养。比如，在职场中努力提升业务能力，成为行业内的佼佼者，自然会吸引到行业内的前辈或成功人士的关注，他们可能成为我们的贵人。同时，积极参与各种社交活动，展示自己的才华与魅力，扩大人脉圈，增加结识贵人的机会。

积极拓展人脉，结识贵人

走出舒适圈，参加各类行业活动、社交聚会，这是结识贵人的有效途径。与不同领域的人交流，你会发现新的机遇与可能。贵人或许是在事业上拉你一把的前辈，用经验为你排忧解难；也可能是思想碰撞时，启发你灵感的同行。每一次真诚的交流，每一个新建立的联系，都可能是遇到贵人的契机。主动出击，用真诚和热情去拥抱人脉，才能为自己赢得更多发展的可能。

真诚待人，用心经营赢贵人

在人际交往中，真诚是打动人心的法宝。当我们以真心对待他人时，更容易赢得他人的信任和好感。也许在不经意间，我们帮助过的人就会成为我们的贵人。此外，对于已经结识的人脉，要用心经营关系。定期与他们沟通交流，分享生活与工作中的点滴，加深彼此的了解和感情。这样，当我们遇到困难或需要机会时，他们才更有可能伸出援手。

善于观察，把握机遇

生活中，贵人的出现可能并不总是那么明显，需要我们保持敏锐的洞察力。有时，一次偶然的相遇、一次简短的交流，都可能隐藏着结识贵人的机会。我们要善于从他人的言行中发现潜在的机遇，主动与对方建立联系。比如，在参加行业研讨会时，认真倾听每一位嘉宾的发言，对于那些观点独到、见解深刻的人，会后主动与其交流，说不定就能结识到对自己事业有重大帮助的贵人。

财富的获取并非一蹴而就，贵人在这个过程中扮演着至关重要的角色。他们以智慧为我们指引方向，以资源为我们搭建阶梯，以机遇为我们开启财富之门。我们要努力提升自己，真诚待人，保持敏锐，积极结识贵人，借助他们的力量，在财富之路上稳步前行，开启属于自己的财富宝藏，缓解自己的负债压力。

课堂小延伸

热爱学习的人，往往能吸引到更多志同道合的贵人。当你努力学习提升自己的同时，你也会遇到更多有共同兴趣和目标的朋友，这些朋友中可能就有你未来人生道路上的重要贵人，他们或许能帮你走出负债的困境。

想翻盘，就主动拓展合作机会

在我们身边常见一种人，他们极其好面子，面对喜欢的人或机遇，很难放下面子主动追求，只是被动着等待命运发牌，结果往往也不令人如意。而有一种人却相反，他们看起来有些厚脸皮，不怕挫折和打击，能主动寻找机会并敢于挑战，结果往往事业有成。

在当今竞争激烈的商业世界中，想要实现盈利目标，积极主动地拓展合作机会是至关重要的一环。特别是对负债者来说，拓展合作机会不仅是商业进阶之途，更是挣脱债务枷锁、走向财务健康的关键契机。

许多人在创业或工作初期，往往局限于自身已有的资源和渠道。他们习惯了按部就班地开展业务，等待客户主动找上门来。然而，这种被动的经营方式犹如守株待兔，在市场变化迅速的今天，成功的概率越来越低。要知道越是深陷债务的困境，越需要主动出击，因为被动等待只会让债务的雪球越滚越大，每多一分等待，就多一分债务累积的压力；每多一次犹豫，都可能错失扭转财务局面的关键时机。

有一家小型的设计工作室，起初，他们主要依赖熟人介绍业务，发展缓慢，近几年甚至出现了财务赤字。后来，工作室的负责人意识到必须主动出击，于是开始积极参加各类行业展会、研讨会等活动。在一次设计交流会上，他们结识了一家大型广告公司的代表，双方一拍即合，达成了长期合作协议。这一合作不仅为工作室带来了大量稳定的订单，还借助广告公司的平台提升了自身的知名度。

通过主动拓展合作机会，这家工作室不仅打破了原有的业务局限，还走出了债务困局，甚至实现了业务的快速增长。在竞争激烈的商业世界中，主动拓展合作机会是企业与个人实现突破发展的关键。一味守旧，坐等机会上门，往往会错失诸多良机。主动出击，积极参加行业峰会、洽谈会，与同行、上下游企业建立联系，能发现更多潜在合作的可能。由于不同的企业或个人在技术、资金、市场渠道、人才等方面各有优势，因此通过合作，可以将这些优势整合起来，从而创造出更大的价值。

当然，盲目地拓展合作也是不可取的，这其中也要讲究方式策略。下面，我们将详细分析拓展合作机会的策略，帮你筛选出契合自身需求的方式，进而稳步拓展合作版图。

明确目标与定位

在拓展合作机会之前，首先要明确自己的目标和定位。清楚自己的优势、劣势，以及想要达成的合作效果。

例如，如果你是一个背负着一定债务的自由职业者，平时擅长文案撰写，若是期望通过拓展合作机会来增加收入，同时偿还债务，那么就可以将合作目标聚焦于有文案需求的企业或个人。一般来说，那些急需优质文案进行产品推广的小型创业公司，或是自媒体博主，都有可能成为理想的合作对象。

有了明确的目标与定位，你在拓展合作机会时就会更有针对性，当然也能提高合作成功的概率。

积极参加行业活动

行业展会、研讨会、峰会等活动是拓展合作机会的绝佳平台。在这些活动中，可以接触到众多同行业或相关行业的企业和专业人士。为此，你要主动与他们交流，了解对方的需求，展示自己的优势和特色，然后寻找合作的契合点。同时，还可以通过在活动中发表演讲、展示产品等方式，提升自己的知名度和影响力，吸引潜在的合作伙伴的关注。

利用社交媒体与线上平台

随着互联网的发展，社交媒体和各类线上平台为拓展合作提供了便利。通过行业论坛、专业社群等平台，可以结识来自世界各地的同行和潜在合作伙伴。在这些平台上，你可以积极分享有价值的内容，参与讨论，建立自己的专业形象。同时，也可以主动搜索目标合作伙伴，通过私信、邮件等方式与他们取得联系，表达合作意向。

提供价值，吸引合作

在寻求合作的过程中，不要一味地强调自己的需求，而是要思考如何为对方提供价值。只有当对方看到与你合作能够带来切实的利益时，才会愿意与你携手共进。通过提供价值，你能够吸引更多的合作伙伴，建立起稳固的合作关系。

想负债翻盘，就不能坐等机会，必须主动拓展合作机会。通过打破自身局限，实现资源整合与优势互补，拓展人脉，以及运用有效的方法主动出击，我们能够打开一扇又一扇通往成功的大门。在这个充满机遇与挑战的时代，只有积极主动地拥抱合作，才能在激烈的市场竞争中立于不败之地，实现财富的持续增长。让我们勇敢地迈出第一步，去主动拓展合作机会，创造属于自己的辉煌。

课堂小延伸

拓展合作机会是一个长期且持续的过程，需要坚持不懈的恒心与有效的策略。迈克尔·乔丹高中时曾被校队拒之门外，但他没放弃，努力提升自己，最终进入 NBA 缔造传奇。

人情投资，多个朋友多条财路

在生活的棋局中，“人情投资”并非是一种功利的算计，而是一种真诚的付出与智慧的布局。所谓投资“人情生意”，简单来说，就是在人情世故上多一份关心，多一份相助；在生意之外多一层相知和沟通。即使遇到不顺当的情况，也能够相互体谅，“生意不成人情在”。

从心理学的角度来看，积极的情感投资可以激发彼此之间的信任感和归属感。当我们怀着一颗热忱的心去广交良师益友时，往往会在不经意间发现，生活为我们打开了一扇又一扇通往成功的大门。俗话说得好，“在家靠父母，在外靠朋友”。与人交往就得做好“人情生意”，只有做好这笔生意才能编织好自己的人际关系网。

当我们身处债务困境时，“人情投资”就更显珍贵。背负债务的人，每走一步都如履薄冰，而良好的人际关系或许能带来转机，助我们一步步走出债务的阴霾。

张新根是杭州一家笔庄的老板。1999 年，他在杭州创业时，生活一度十分窘迫，甚至买不起煤饼，只能靠捡柴烧饭。即使如此，他也没有放弃，经常出入于杭州的大小画廊和美术院校。只要有机会他就推销他的毛笔，就在他四处碰壁的时候，改变他命运的一个人出现了。

某一天，张新根在一家画廊里参观，当时任杭州画院的副院长周文清老师也来画廊参观，张新根看周老师气度不凡，就拿出一支上好的毛笔要送给他，周老师看后感到很惊讶。

这次巧遇使周文清老师对张新根的笔产生了浓厚的兴趣，通过以笔会友，两个人结下了深厚的友谊。为了让更多的人了解张新根的笔，周文清决定帮他开一个笔会，并免费提供场地。通过笔会，张新根认识了画院里更多的朋友，大家还帮他还清了多年的欠款。后来，通过书画家和顾客之间的相互介绍，张新根的笔庄在杭州渐渐有了名气。

不久，张新根将他的笔庄开在了一个客流量少的文化用品市场的拐角处。环境虽然略显冷清，但张新根却有他的目的。他认为喜欢毛笔之人往往都是知识分子，他们大多不喜欢喧闹，这里不仅环境高雅，而且空间也很宽敞。另外，他还时常要给顾客试笔，如果环境很吵闹，效果就不理想。果不其然，自从选了这个清静的地方，张新根的生意越做越大。

如今，张新根已经拥有两个笔庄、一家工厂，每年毛笔的销售量高达四五万支，他也因此成为杭州颇有名气的“文化型富豪”。

其实，投资人情，谈的就是一个“缘”字，彼此能够一拍即合，便会有成功的合作，感情自然也就融洽起来。有了这样的人情投资，关系好的时候，互相付出自然不在话下。比如，当你正在寻找增加收入途径或是拓展合作机会时，朋友可能会基于这份信任，为你提供关键的人脉资源，或是分享给你合作机会。但是要想保持长期的相互信任与关照也没有那么容易，仍然需要不断进行“感情投资”。

或许有人会有疑问，如何才能做到有效的感情投资呢？这里有几个实用的建议。

真诚待人，真心换真心

在人际交往中，真诚是最宝贵的品质。秉持真心换真心的原则，在生活与工作中，不耍心眼、不搞虚假客套，坦诚面对他人。当朋友遇到困难时，真诚地伸出援手，给予实际的帮助，而非敷衍了事。与人交流时，目光专注、言语恳切，让对方感受到你的重视。只有真心对待他人，才能赢得他人的信任和友谊，让彼此的关系更加紧密。

积极给出正反馈

在人情投资的领域里，积极给出正反馈是维系良好关系的关键纽带。当他人给予帮助或分享观点时，不要吝啬你的赞美与肯定。一句简单的“你这次帮了大忙，太感谢了”，能让对方切实感受到付出得到认可，从而加深彼此的情谊。

正反馈也是激励他人的有力工具。面对朋友的新尝试，即便成果尚显稚嫩，也不妨给予鼓励，如“你的想法很新颖，继续加油肯定能做得更好”，这会给予对方前行的动力，使其更愿意与你交流合作。

同时，及时反馈能让沟通更顺畅。在工作合作中，针对同事的方案，及时指出亮点并提出建设性意见，不仅能提升工作效率，还能增进同事间的信任。积极给出正反馈，用真诚的言语和行动为你的人际关系添砖加瓦，让人情投资收获丰厚回报。

分享自己的感受与故事

人与人之间的互动不仅仅是表面的交流，真实的情感分享能拉近彼此的距离。让对方明白你在想什么，感受什么，相信这样你们的关系会更为紧密。

当我们学会关注他人的需求，提升自己与他人的情感连接时，我们在无形中也在完善自己的情感健康。生活不会一帆风顺，但你可以掌握自己的情感出口与投资策略，让自己在面临逆境时更为坚定与从容。

在这个充满机遇与挑战的时代，人情投资是一种无形却又力量巨大的资产。当我们用心去广交良师益友，以真诚和热情去维护这些关系时，我们不仅能收获真挚的情感，还能在人生的道路上获得更多的合作机会、学习机会和赚钱机会，也让我们在面对负债时多条财路。

课堂小延伸

人情往来是维系人际关系的重要方式。俗话说“礼多人不怪”，礼尚往来不仅能表达友好和尊重，求人办事效率也会提高，这样才能高效达到人情交往的目的，事半功倍的效果。

借助资源整合，开辟变现新路径

在日常生活和社会交往中，我们常常发现有的人看似丝毫不费力却可以轻松赚到钱；有的人能说会道，却不一定能赢得雪中送炭的资助；还有人整天流连于各种社交场所，只要有抛头露面的机会总少不了他们的身影，资源就像银行卡，随时可以用来刷。为什么会产生这样的结果呢？这就是善用资源整合所产生的效果差异。

资源整合是一种商业模式，这种模式的底层逻辑其实很简单：就是将资源和需求进行精准匹配，进而从中创造价值。以传统的人力资源中介为例，他们为求职者与企业雇主建立起连接，一方面帮助求职者找到心仪的工作，另一方面为雇主找到合适的人才，在这个过程中，中介按一定比例收取交易金额，作为中介费，也就是劳务费。房产中介的运作模式也是同样的道理。随着互联网的飞速发展，资源整合模式也早已突破了传统行业的局限，在互联网应用领域焕发出全新的活力。

若是你正被债务问题所困扰，资源整合同样能为你提供诸多帮助。比如，通过整合人脉资源，可以帮你获取更多赚钱机会或合作项目，最终增加收入以偿还债务；通过整合资产资源，合理配置手头的资产，可以将闲置资产实现变现或增值，为债务清偿提供资金；通过整合信息资源，了解债务处理政策等信息，可以帮你制订更科学的债务偿还计划。总之，通过这些资源整合的方式，最终将助力你摆脱债务困境，改善财务状况。

赵思明是个怀揣梦想的创业者，他一直想要打造一个综合性的服务平台，为用户提供一站式的问题解决方案。然而，在项目启动初期，赵思明为了筹集资金，背负了沉重的债务。但赵思明没有被债务打倒，他深知要想摆脱困境，实现梦想，就必须付出更多的努力。为此他开始四处奔波，与各行各业的人士建立联系。无论是商业洽谈会，还是行业交流沙龙，都能看到他积极交流、拓展人脉的身影。

经过无数个日日夜夜的努力，他终于将自己之前经营的诸多资源巧妙地整合到自己的服务平台中，构建起了一个庞大的资源网络。后来，通过不断地优化和调整，这个平台可以帮助用户一站式解决各种问题。没过多久，赵思明的平台凭借着丰富的资源和便捷的服务，吸引了大量用户。随着用户量的激增，赵思明不仅成功还清了债务，还让自己的事业步入了正轨。

在进行资源网络的整合时，我们要学会与各种人建立良好的关系，这样才能将资源整合得更加顺畅。但不少人经常抱怨自己没什么资源，不知拿什么去变现？接下来，我们将总结出几种能实现人脉变现的方式，相信总有一种方式会适合你。

商业合作

在整合资源的过程中，你还可以从多个维度审视和挖掘资源的潜在价值。不仅仅是物质资源，还包括产品技术、服务、项目合作等方式，通过资源共享和优势互补，创造出全新的商业模式和市场机会。

1. 产品或服务联合推广：如果你的人脉中有不同行业但目标客户群体有

重合的人，可联合起来做推广。例如，你经营一家健身俱乐部，人脉中有一位健康餐饮店主，你们可以合作推出“健身＋饮食”套餐，互相推荐，共享客户资源，然后按照约定的比例分配收益。

2. 项目合作开发：寻找在技能、资源上互补的人脉，共同开发项目。比如你有创意和市场渠道资源，而对方有技术研发能力，就可以一起开发一款新的软件产品，根据投入的资源和贡献分配利润。

技能与兴趣资源整合

每个人都有自己的兴趣爱好和一技之长。如果把这些资源结合起来，颇有可能打造出一番属于自己的事业。

例如，如果你热爱摄影，可以在社交平台上展现自己的摄影作品，通过分享和营销的方式扩散影响力。更进一步地，可以围绕自己的兴趣、技能开设自己的工作室，实现创意、技术、团队等多种资源的整合与优化。

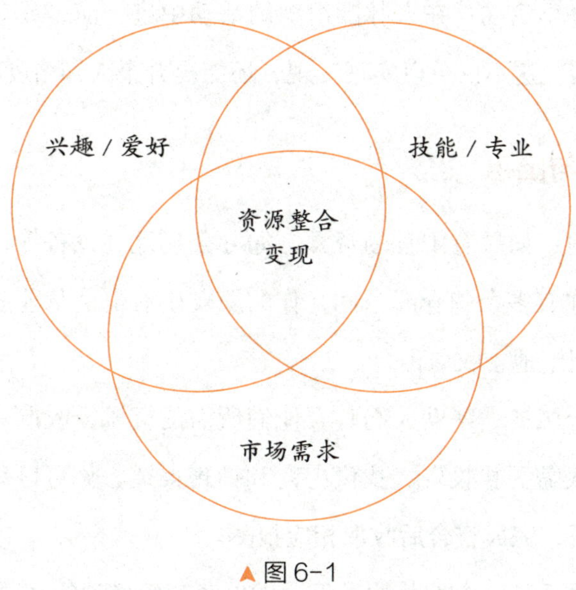

▲图 6-1

其实，人生最快乐的事莫过于将兴趣与职业相结合。找到自己的兴趣和特长，然后根据自己的人生规划、职业发展，找到切实可行的交叉点，循序渐进，一步步地实现自己的梦想。如此，才能把职业做得更好，而且轻松无压力，每天都开心有意义。

知识与技能共享

随着互联网信息时代的到来，知识和信息资源越来越成为个人资源整合的重要组成部分。要善于学习和总结，将所学到的知识和信息梳理清楚，与自身的资源和需求进行匹配，并不断转化为创造性的行动。利用人脉资源，在知识与技能共享这个赛道，搭建起更多价值交换的桥梁。

1. 培训与咨询服务：如果你在某个领域有专业知识或技能，通过人脉宣传，为有需要的人提供培训课程或咨询服务。例如你是一位资深的财务专家，通过人脉介绍为企业提供财务咨询服务，按小时或者项目收取咨询费用。

2. 演讲与分享活动：在人脉圈组织的活动中进行演讲或分享经验，收取一定的演讲费用。这不仅可以实现变现，还能提升个人知名度，拓展人脉。

资源整合与出租

1. 资源出租：如果有闲置的资源，如办公场地、设备等，可以将这些资源出租。例如你有多余的仓库空间，你的朋友中有电商从业者需要仓库，你就可以把仓库租给他，收取租金。

2. 资源整合服务：帮助人们整合他们所需的资源，收取一定的整合服务费用。比如有人需要找投资、找供应商和销售渠道，你可以利用自己的人脉为他们牵线搭桥，完成整合后收取相应报酬。

建立人脉关系是一个挖井的过程，付出辛苦后得到的是源源不断的财富。

经营好人脉圈是搭建你走向成功之桥的基石，有了它，你所走的每一步都是落地有声的，不会像空中楼阁，或是昙花一现的黄粱美梦。自古以来很多人都已经深知人脉的重要性，如今的互联网时代，人脉还在生活、职场中发挥着举足轻重的效用，学会利用人脉，巧借四两拨千斤之力，哪怕身处负债的逆境，也能逆风翻盘，拥抱柳暗花明的未来。

课堂小延伸

资源整合是破解债务困境的有力手段。当你深陷债务泥沼时，不妨抓住资源整合的机遇，充分调动各类资源，从资金、人脉等角度来化解债务困境。

财富名言

- 商业的本质就是整合资源，把合适的人放在合适的位置，将各种资源优化配置，就能创造出巨大的价值。

- 机会不会主动来找你，只有你主动去寻找机会，不断尝试和探索，才能在竞争激烈的市场中找到属于自己的发展路径。

- 人生要学会结识贵人，贵人不一定是给你直接利益的人，而是能在思想、观念上启发你，带你进入新领域的人。

- 在人生的道路上，结识贵人是一种幸运，但更重要的是，你要有让贵人愿意帮助你的价值和品质。

- 人情投资是企业经营中看不见的资产，它虽然无形，但却能在关键时刻发挥巨大的作用，帮助企业渡过难关。

第七章

守住钱包
不再陷入债务泥潭

每个人的心中都有一幅关于财富与幸福的蓝图，要想实现这一梦想，就要管理好自己的“钱包”。而财务管理又是一个长期的过程，为此我们要时刻保持财务的警觉。生活安稳时，学会未雨绸缪，提前规划好未来。遇到困境时，更要守住自己的钱袋子。这样，才能稳步迈向财富自由的彼岸。

有本“明白账”，财务更自由

当今社会，财务问题贯穿于我们生活的方方面面，从日常的衣食住行到人生的重大决策，如购房、教育、养老等，无一不与财务紧密相连。对于每一个人来说，清晰掌握自身财务状况，如同手持一本明白账，不仅是对自身财富的高效管理，更是实现生活稳定、达成人生目标的关键所在。

对此，犹太人早就秉持着这样的理念：无论是商海拼搏还是日常生活，都应当每日进行自我财务清算，这样才能有效地避免财政赤字的风险。为此，你要学会有计划地支配开支，如此可以保证你和你的家人能从这笔收入中获得公平合理的分配。反之，若是你的开支毫无计划，就如同让每个人都来随意瓜分你的收入。

预算像一张精心绘制的蓝图，经过缜密的预算，能够清晰地指引你如何实现自己的目标，如何删减非重要项目的资金，如何填补重要项目的资金缺口。那么，究竟怎样才能做好自己的家庭预算呢？借助犹太人的智慧，你也可以完成一份切实可行的预算计划。

首先，你需要把每一笔开销都详细记录下来，这将帮你清楚了解自己的支出情况；然后你需要按月把这些开销整理成一张整齐的单子。之后你可以以一年为周期，将每个月的开销进行累加。这样一来，你就能清晰地知道自己在一定时间内的总花费是多少。

其次，你需要至少将每年收入的10%储蓄起来。财务专家说过，如果你能节省收入的1/10，几年内你也可以获得经济上的舒适。

最后，根据家庭的特殊需要，设计出自己的预算。先列出这一年的固定开销——日常餐饮、水电费、保险金、利息等；然后再计划其他的必要开销——服装费、医药费、教育费、交通费、交际费等。拟定计划需要决心、家庭合作，有时候还需要严谨的自制力。我们不能买下每一件东西，但是我们可以有选择性地买下对自己重要的东西，而牺牲掉不重要的东西。

生活中的每一项开支，无论是柴米油盐这些日常琐碎支出，还是休闲娱乐、旅游购物，我们都要做到心中有数。不妨学一学犹太人的理财智慧，定期给自己梳理一份清晰明了的账目。通过这样的方式，我们不仅能更好地把控家庭财务状况，还能从理财过程中领悟财富的积极意义，让每一分钱都花得恰到好处。

初入职场的李强对自己的财务状况毫无规划，每月工资到手后，他便随心所欲地消费，月底经常捉襟见肘，甚至需要靠透支信用卡来维持生活。这种混乱的财务状况不仅让他时常陷入经济压力之中，还影响了他的生活质量和情绪状态。

后来，李强意识到问题的严重性，开始学习财务管理知识，为自己建立了一本明白账。他详细记录每一笔收入和支出，还将支出分为必要支出、弹性支出和非必要支出。通过对账目进行分析，他发现自己在非必要支出上，如购买高价零食、冲动消费等方面花费过多。于是，他开始有针对性地控制开支，减少不必要的支出。几个月后，李强不仅还清了信用卡欠款，还开始有了一定的积蓄。心中有了这本明白账，李强的生活逐渐步入正轨，不再为财务问题而焦虑，也能更加从容地享受生活。

对于负债者来说，心中的明白账更是尤为重要。根据自己的财务状况制订合理的财务计划，确保每一分钱都花在刀刃上。一份清晰的财务明白账单，能准确地查看自己的收入和开支，以及还款情况，不会让自己的财务状况陷于眉毛胡子一把抓的混乱状态。

那么，究竟该如何建立自己的财务账单呢？接下来，你可以依照以下步骤制定账务账单，从而对财务状况做到明明白白。

记录与分析

首先要养成记录财务收支的习惯，可以使用记账软件或自制表格，详细记录每一笔收入和支出的来源、金额、时间等信息。定期对这些记录进行分析，了解自己的消费模式和财务状况，找出可以优化的地方。

设定目标

根据自己的生活规划和人生目标，设定明确的财务目标，如短期的储蓄目标、中期的购房目标、长期的养老目标等。将这些目标分解为具体的财务计划，如每月需要储蓄的金额、每年需要投资的金额等，并按照计划执行。

学习财务知识

无论何时，你都需要不断学习财务知识，了解基本的理财方法，如储蓄、投资、保险等。不仅如此，你还需要掌握不同的投资工具的特点和风险，根据自己的风险承受能力和财务目标选择合适的投资组合，实现资产的保值增值。

定期复盘与调整

每个人的财务状况并非一成不变，会随着生活中的各种因素，如收入变化、家庭状况的改变等而发生变化。因此，你要定期对自己的财务明白账进行复盘，根据实际情况调整财务计划和目标，确保其始终符合自己的生活需求。

对负债者而言，有本明白账犹如黑暗中的指引。它能清晰呈现债务构成，每一笔欠款的来源、利率、还款期限都一目了然，避免因糊涂而陷入利滚利的深渊。清楚知道自己欠了谁、欠多少，能让负债者合理规划还款计划，不再盲目焦虑。

同时，梳理明白账的过程，也是让负债者直面财务状况，反思消费行为，从中吸取教训，避免重蹈覆辙。一份明白账，是负债者走出困境的关键一步，所以，从现在开始，认真对待自己的财务，建立起属于自己的明白账，开启稳健、从容的人生之旅。

课堂小延伸

每天只花预算内的钱，就能在不知不觉中存下你预期想存的钱，所以，记账是理财中很重要的一步。目前，手机应用市场上有很多记账 App，操作便捷、数据直观，除了记账功能外还能帮你做财务复盘。坚持使用记账 App 帮你更好地管理财务吧！

小财大乾坤，巧用它赚第一桶金

一分一毛的小钱能干什么呢？在20世纪七八十年代，一分钱就能换来一根清甜的冰棍，为炎炎夏日带来一抹清凉，那是孩子们最质朴的快乐；一毛钱可以买到一根铅笔，在稚嫩的手中开启知识的探索。曾经的一分一毛都承载着一代人的童年乐趣。

而现在的孩子或许都未曾见过一分钱的模样，甚至一块钱掉落在地，弯腰捡起的人也寥寥无几。在物价飞速上涨的当下，一分钱的购买力显得极为有限，似乎真的到了“买糖不甜、买盐不咸”的地步。也许，你以为一分钱真的什么也干不了，但千万别小瞧这渺小的一分钱，它可以发挥无穷的价值。

经常购物的朋友，一定非常熟悉各类商品的价格标签中，一般都标注着9.97元、19.95元等字样，明明只有不到1毛钱的差别，为什么不直接标注10元、20元呢？这就是掌握了消费者的心理。人们都因为少了这一毛钱，而感觉自己赚到了便宜。美国的芝加哥大学曾经做过了这样一项研究，当一件商品的标价为69美分的时候，比标价70美分时，销售额提升了150%，可谓是带来了翻天覆地的变化，这就是经济学当中著名的“一分钱效应”。所以，你可别小看了这一分钱，真正厉害的人，一定熟知并能灵活地运用它，而给自己带来出奇的效果，甚至能让自己负债翻盘。

一个聪明的创业者，在创业初期，他没有将精力耗费在花哨的促销手段或奢华的开店仪式上以博人眼球，而是利用杠杆原理，花最少的钱，得最大的利润。采用“0.01元抢购店内爆款产品”的策略，消费者只需花费1分钱，就能将价值99元的商品买走，如此巨大的诱惑，很难让人不为之动心。

不过，活动商品数量有限，活动时间也有严格限制。正因如此，众多消费者纷纷锁定这家店，踊跃参与活动，并积极添加老板微信。此后，老板每当有活动，便会在群里发布通知。乍看之下，以 1 分钱售卖 99 元商品，无疑是赔本买卖。然而，正是这看似“亏本”的 1 分钱活动，让老板在开业之初便成功吸引了周边大量的用户。

在老板的用心经营下，这些新用户逐渐转化为店里的忠实老顾客。每当店里推出新品或举办活动，老板只需在群里通知一声，便能得到热烈响应。凭借这样的经营方式，这家店的生意常年红红火火。

在当今社会，很多人总是追求那令人羡慕的高收入，认为只有挣大钱才算真正成功。然而，越来越多的故事和个人经历告诉我们，那些看似微薄的小钱才更应该重视。在商业领域，这些小钱虽然看似毫不起眼，却往往有着不容小觑的价值。它们可能是你开启创业大门的钥匙，也可能是你赚取人生第一桶金的关键。珍视这看似微不足道的小钱，或许就能帮你从现状中找出策略，甚至从原本的“负债累累”变成“财富自由”。

小君是美院的一名在读研究生，本应在艺术的海洋里遨游，可现实却给她泼了一盆冷水。为了到世界各地参加各类艺术展览，她不仅花光了自己所有的积蓄，还向银行和朋友借了不少钱。后来，债务越积越多，每个月她都要为偿还高额的利息而发愁。

为了走出生活的困境，她不得不重新思考自己的人生。由于她平时喜欢在网络平台分享自己的绘画作品，再加上独特的艺术风格和细腻的笔触，让她收获了不少网友的欣赏与喜爱。随着关注度的提升，不少零基础却满怀绘画热情的网友常常在社交平台上向她请教绘画问题。

看到大家对绘画的热爱，小君萌生了一个想法。她利用业余时间，精心制作了一套零基础网络美术课程，涵盖绘画基础理论、技巧演示等内容，共 20 节课程，仅售 0.99 元。课程一经推出，便迅速火爆，吸引了大量学员报名。小君也凭借这套课程，不仅成功还清了债务，还收获了人生的第一桶金。

对小君而言，这次课程的成功售卖，不仅是金钱的回报，更是经验的积累和人脉的拓展。当然，最关键的是，小君巧用微不足道的小钱化解了债务危机。

无论是小额收入还是兼职机会，都值得我们用心对待，微薄的小钱，都隐藏着大能量，积沙成塔，或许未来的某一天会带来意想不到的惊喜与收获。我们要重新审视那些微薄的小钱，因为它们不仅是经济的积累，更是人生的财富。

回顾商业发展的漫长历史，不难发现，众多声名远扬的名人与企业家，都对细节有着超乎常人的关注。他们的成功并非偶然，而是深谙用小钱赚大钱的商业之道。一分钱，看似毫不起眼，在现代社会的消费体系中，甚至很难引起人们的注意，但在商业领域，它就是构建庞大商业帝国的基石，是无数成功创业故事的起点。所以，千万不要轻视这看似微不足道的一分钱。它可能是你开启创业大门的钥匙，更可能是你负债翻盘的关键，珍视小钱，或许就能铸就财富的辉煌。

课堂小延伸

学习“一分钱效应”并不是要把每一分钱都储蓄起来，而是要学习“一分钱效应”的思维。无论是个人的小生意还是商业大亨，都应该借助一分钱的杠杆原理，如果你身陷负债，更应该拥有这样的思维，让自己早日脱离债务泥潭。

定期复盘与总结，把握财务脉搏

“复盘”二字，相信大家都不陌生，在生活和工作中应该都听过。而在不同的场景里，它所代表的含义也不尽相同。在股市当中，复盘所代表的则是在收盘之后对当天的走势进行一定的分析，以便设定明天的策略；在围棋当中，复盘是指双方重新演练一遍棋局，以提升棋艺；记账时，复盘意味着对上个月的所有收支进行全方位的盘点，找出收入、开销以及结余方面的关系，减掉那些没有必要的开销；等等。

对于负债者而言，复盘更是意义重大。它可以引导我们深度审视过往债务的成因，帮我们梳理出不合理的开支，比如冲动消费、因债务累积而导致的过度借贷等。同时通过回顾还款记录，分析利息支出、还款时间节点，有助于帮助我们制订出更合理的还款计划，避免逾期产生高额罚金。

那么，如何才是高效且科学的复盘呢？很多人明明也是在复盘，但为何开销不降反升，甚至债务越积越多呢？接下来，我们将具体分析复盘时应该注意些什么。

复盘到底是什么

很多人看到别人在记账方面做复盘，自己也曾经象征性地做了一下，但是，最终却发现自己只拘泥于形式，根本达不到复盘的作用。其实，所谓的复盘，最主要的目的是分析上月的开销，并且找出开支较大的项目，对这些开销进行一定的优化。

复盘，其实是让自己建立一个意识，那就是尽量不再浪费钱。毕竟，大家打工赚钱都不容易。花钱若是经常大手大脚或是没有计划性，很可能让你债务缠身。学会不定期的复盘，并且不断自我反省及纠正，不必要的开销才会越来越少。一旦这些开销减少了，每月存下的钱才会越来越多，债务自然也不会成为你的负累。

复盘应不拘小节，还是面面俱到

不少年轻人每到月底发现自己成了“月光族”时，才意识到自己花钱太多了，于是决定启动复盘的行动，但到了真正复盘时，却往往纠结于是不拘小节还是面面俱到。乍一看似乎每个月的开销都不是很多，比如请客消费 500 元、零食消费 200 元、打车费 150 元、饮料消费 80 元……然而，这些虽然都是小钱，但加起来却是一大笔钱。

而复盘就是找出这些细枝末节，然后对其加以改善。就拿请客吃饭来说，尽管这对维系人际关系必不可少，但方式是不是可以改一下呢？不一定非要去高端餐馆，自己买菜炒菜既能省钱，还能增添生活趣味。有时候，一个小小的改变不仅能让每一笔钱都花得更有价值，而且债务也会降下来。

搞清收入、支出、结余的关系

生活中，一个人月薪的高低并不能成为衡量其财富多寡的关键因素，很多时候，每月能存下多少钱才是重中之重。不少年轻人虽然月薪过万，但每月依旧是月光族，毫无积蓄。而我们父母那一辈的人，哪怕是每月拿着 3000 元的工资，却能够攒下 2000 元甚至是更多。假使你的工资再高，若每月毫无结余，也是枉然。毕竟，辛苦打拼一年，面对亲戚朋友时，谁也不想尴尬地告诉对方，自己没赚到钱，但攒了一堆花钱的经验。存钱不仅是财富的积累，更是对生活的规划与掌控，它能赋予我们面对未来的底气，相比单纯的高薪，往往更为实在和重要。

明智的复盘，是存钱的利器

随着互联网的高度使用，各类用于记账的 App 层出不穷，由于这类 App 有着功能强大的图表和数据，而且直观且极具说服力，所以极大地提升了复盘的效率。只要你稍加留意，就能从中精准找出可以优化的开支项目，进而进行科学高效的调整。一旦明确了优化方向，之后就可以制订有针对性的预算计划，然后严格控制个人开销。如此一来，在预算的约束下，支出减少了，自然就能存下更多的钱。

小吴从毕业参加工作至今坚持使用记账软件，他最喜欢做的事情除了每次开销时记上一笔之外，便是时不时地打开记账软件看一看相应的一些图表，只有不断地了解及分析这些图表及数据，才能更加坚定自己复盘及存钱的目标。

在小吴所认识的朋友当中，但凡有存钱习惯的人，大多都有记账和复盘的习惯。受这些朋友的影响，小吴每月也会对收入、支出以及结余进行复盘，久而久之，他的财富也是越积越多。

▼表 7-1　小吴的月财务盘点表

单位：元

2024年6月复盘									
支出分类	预算	6.1-6.2（第一周）	6.3-6.9（第二周）	6.10-6.16（第三周）	6.17-6.23（第四周）	6.24-6.30（第五周）	合计	本月剩余额度	累计剩余额度
服饰	200	0	0	0	0	0	0	200	710.47
餐饮	200	0	116.86	99	93.58	26.44	335.88	-135.88	-12.72
日用	100	0	0	0	0	0	0	100	214.37
交通	50	0	0	0	0	0	0	50	185
工作	300	10	0	0	35	20	65	235	18.45
健康	200	0	0	14.5	131	0	145.5	54.5	968.6
学习	5000	0	7800	0	0	399	8199	-3199	-2166.7
养娃	800	206.8	0	49.76	0	216.53	473.09	326.91	-128.61
保险	1650	0	1615.25	0	0	0	1615.25	34.75	16.03
娱乐	50	0	0	0	200	0	200	-150	230.4
美容	200	0	0	0	0	0	0	200	1178
亲友	200	0	0	188	0	0	188	12	1504
捐赠	50	0	0	0	0	0	0	50	140
其他	50	0	0	0	0	0	0	50	60.36
合计	**9050**	**216.8**	**9532.11**	**351.26**	**459.58**	**661.97**	**11221.72**	**-2171.72**	**2917.65**
周复盘	**必要支出**	216.8	1714.11	319.26	459.58	236.53	**2946.28**		
	非必要支出	0	18	32	0	26.44	**76.44**		
	暂不确定	0	7800	0	0	399	**8199**		
	本周小结	非常棒，没有非必要支出。	奶茶不应该喝的，课程需要看后续交付情况确定。	以后点外卖一定要看评价，避免踩坑。	非常棒，没有非必要支出。	零食要减少频率，课程需要看后续交付情况确定。			
月复盘	**是否超支**	是（不过主要是因为学习造成的，是合理的）							
	预算如何调整	学习预算调整为1000							
	非必要支出项目	零食（一个月两次）、外卖（不再单独出去吃）、奶茶（一个月不超过一次）							
	下月如何改善	下个月不会购买奶茶，最多只买两次零食、不点外卖也不外食							

你是否常常疑惑，钱都花哪儿去了？抱怨自己存不下钱，甚至是“月光族”，因此，财务复盘就显得尤为关键。财务复盘不是简单记账，而是深度剖析收支细节。它能让你清晰地看到哪些是必要支出，哪些是冲动消费。通过复盘，你能发现理财漏洞，优化财务问题，让财务状况步入良性循环的轨道。

课堂小练习

在对自己的财务进行复盘时，要反思你的消费行为，比如，针对每笔非必要支出，你要学会思考购买原因，是冲动还是必要，然后总结出规律，避免重复冲动消费，从而使自己出现财务赤字。

上瘾式存钱，开启财富自由的密码

近几年，网络上出现了很多词，比如：佛系、躺平、别卷了……仿佛都在传递一种观点：所有的努力似乎都是徒劳的，唯有好好享受生活才不会委屈自己。然而现实却并非如此简单，我们每时每刻都被各种各样的压力所包围着，诸如家庭、教育、医疗等，甚至是不可预知的裁员、失业等事件。因此，做好储蓄规划尤为重要。

《朱子家训》有句名言："宜未雨而筹谋，毋临渴而掘井。"因此，储蓄是生活中不可或缺的技能。在当今社会，存钱不仅仅是一种财务规划，更是一种生活智慧和安全感的来源。

在物价飞涨、收入增长追不上通胀的今天，许多人往往难以实现储蓄目标。事实上，存钱对于很多人来说，确实是一个艰巨的挑战。其实，存钱并非想象中那般遥不可及。只要掌握一些实用的存钱方法，逐步培养起储蓄的习惯，我们就能潜移默化地改变自己的思维方式，让存钱变得水到渠成，自然而然。

接下来，我们将总结几种适合上班族以及投资"小白"的存钱方法，这些方法简单易行，不仅能帮你逐步摆脱债务障碍，还能让你在毫无压力的情况下轻松存到钱。

52 周存钱法

第1周存10元，第2周20元，依次类推，每周递增10元，第52周存520元。

52 周刚好一年，一年就能存 13780 元。这种方法比较适合“月光族”、刚参加工作的职场新人、投资“小白”和理财新手。每个月要求可存金额也不算太高，可以通过这个方法不断激励自己，努力存钱。

365 天存钱法

第一天存 1 元，第二天存 2 元，之后每天递增 1 元，到了第 365 天，存 365 元。一年下来，你就能存下 66795 元。这种方法适合有收入来源的任何人，因为每天都能存下一笔钱，这样你就能对自己的财富积累进程做到一目了然，日积月累，收获意想不到的财富成果。

10% 强制储蓄法

每个月发工资后，你不妨强制自己存下工资的 10%。当然，这一比例并非一成不变，可以根据你自身的情况进行灵活调整。关键在于迈出这第一步，让储蓄成为生活中自然而然的一部分。这种方法适合“月光族”、学生群体、低收入人群以及那些对存钱不知从何下手的人群。一旦养成这种储蓄习惯，它将帮你约束不必要的消费行为，逐步提升你对金钱的储蓄意识和管理能力，为未来的生活增添一份安稳保障。

星期存钱法

星期一存 10 元，星期二存 20 元，之后依次递增，到星期天存 70 元。这样，一年下来就可以存下 14560 元。这种方法适合学生群体、职场人士，因为他们往往对每周的日子较为关注，能够更好地规划一周之内每天的花费和储蓄。每周将收入的一部分存起来，能让储蓄更有规律。

333 存钱法

将每个月的收入按照 3∶3∶3 的比例分配，即 30% 用于储蓄，30% 用于投资，30% 用于消费。这样，你在储蓄的同时也能获得一部分的收益。当然，比例也可以是 631、532，或是根据个人的收入和支出灵活进行调整，但是务必要先存钱再消费，这种方法适合有收入来源的任何人。

阶梯存钱法

这种方法就是用你的存款由低到高购买不同期限的定期存款。你手里的钱分成三份：1 万元存一年定期，2 万元存两年定期，3 万元存三年定期。

每笔存款到期后，都转成三年。这样两年以后，三份资金就都是三年的定期存款，你既可以实现短期储蓄，也可以获得更高的利息。不过，这种方法比较适合存款金额较为充裕的人群。

十二存单法

在一年中，每月将一部分钱存入定期存款，连续存 12 个月。这样，一年之后你就可以获得更多的利息。到了第二年，每个月你就可以有一笔可以支配的灵活收入。若是急需，可以及时取出来；若是不急着用钱，可以进行续投。这种方法适合“月光族”，只需要减少非必要支出，就能够进行定期存款。

1234 存钱法

这种方法是将个人收入按照 10%、20%、30%、40% 的比例进行分配，即 10% 用于应急资金储备起来，20% 用于生活固定支出，30% 用于储蓄，剩下 40% 用于投资领域。当然，由于每个人的财务状况和生活需求各不相同，你可以根据自身实际情况，对这个比例进行灵活调整。通过这种方式，不仅能确保日常生活有条不紊地进行，还能在储蓄与投资之间找到平衡，逐步积累财富。不过，这种方法比较适合那些有一定理财能力的人群。

心愿存钱法

这个方法是根据自己的心愿来存钱，比如你想要购买一件心仪的物品或者去旅行，你可以将目标金额作为心愿储蓄的目标。为自己设定一个心愿和目标金额，时不时往里面存钱。达到目标金额后，再去实现这个心愿。

这样，你在达成心愿的同时也可以养成储蓄的习惯。这种方法适合一些有想要实现愿望的人。这些愿望能够促使他们努力攒钱，未来达到自己的目标不断储蓄，最后实现心愿。

不要随便听信“花钱比赚钱更重要”这样的话，总有一天你会发现，存钱才是一个人顶级的智慧和自律。存钱也是讲究方法和技巧的，掌握好的存钱方法，同样多的钱会给你的生活带来完全不一样的体验。以上列举的几种存钱方法，总有一种适合你。不妨选一个开始存钱吧，坚持一年，你也能成为一个拥有自己金库的小富翁，再也不怕负债的压力了。

课堂小延伸

无论你的收入高低，拥有良好的存钱习惯都能帮助你实现财务目标，过上更从容、更有保障的生活。给自己制定一个短期储蓄目标和长期储蓄目标，选择文中适合你的存钱方法，攒出自己的小金库，提高自己抵御负债风险的能力。

大额回报？小心“钱途”不保

当前网络兼职信息层出不穷，不少人想着通过兼职“赚外快”“关注点赞，就能返利”，“操作简单，工资日结”，“招聘兼职，时间自由”，这些“躺平”就能赚钱的“好事”是否让你心动？

然而，一项调研数据却令人警醒：当今社会，背负债务的主因并非大众普遍认为的房贷、车贷，更不是过度追求生活品质而产生的超前消费。相反，金融诈骗竟成了致使人们深陷债务泥沼的罪魁祸首。近年来，各类网络金融诈骗案例层出不穷，不法分子往往以“双面人”的身份骗取受害人的钱财，导致兼职刷单、快递理赔、荐股投资、“杀猪盘”、免费送等套路轮番上演。

金融诈骗，这一严重影响个人财产与国家经济健康发展的毒瘤，其手段不断翻新，令人防不胜防。为了帮助大家识别并防范这些诈骗行为，这里总结了十几种常见的诈骗套路。每一种诈骗手法都能轻易攻克你的心理防线，让你陷入骗子的陷阱之中。因此，对于这些诈骗手段，你一定要加强防范意识，以免陷入诈骗的圈套。

刷单返利

通常，这种诈骗手段以“零投入、高回报、日清日结”为诱饵，通过初期的小额返利来获取受害者的信任。一旦受害者加大投入，诈骗分子便以各种理由拒绝返款，最终将受害者拉黑。近期，这种诈骗手段还出现了“刷单 + 快递”“刷单 + 创业”等新型复合式诈骗，网络刷单本身就是欺诈行为，切勿参与其中。

网恋交友投资诈骗

犯罪分子常在社交平台精心包装自己，利用迷人的外表或优越的家境吸引受害者。一旦获得信任，他们便以掌握“内部消息”为借口，诱导受害者投资赌博。这种诈骗方式被称为“杀猪盘”，让受害者的资金有去无回。

安全账户诈骗

诈骗分子常常冒充公检法工作人员，声称受害者涉嫌犯罪，并要求将资金转入所谓的“安全账户”以证明清白。他们可能会通过添加好友并发送伪造的警官证、通缉令等文件，使受害者陷入恐慌。

虚假投资诈骗

虚假投资理财诈骗分子会搭建虚假的投资平台，声称有“理财大师”指导或有内幕信息，承诺稳赚不赔。在初期，受害者的投资会有利润返还，然而当他们投入大量资金后，便会出现无法提现或全部亏损的情况，此时诈骗分子会卷款潜逃。

快递赔偿诈骗

诈骗分子可能会冒充电商平台或物流快递企业的客服人员，以快递丢失为由向受害者提出赔偿。他们可能会诱导受害者提供银行卡和手机验证码等信息，甚至要求支付费用。在此提醒大家，收到此类信息时应向快递公司进行核实，切勿随意透露验证码。

冒充熟人诈骗

诈骗分子常常利用熟人的照片和姓名，在社交平台上创建假冒账号，并添加受害者为好友。他们可能会以各种紧急或诱人的理由，催促受害者进行转账。面对此类情况，务必保持警惕，务必进行当面核实，切勿轻易转账。

集资诈骗

集资诈骗是一种常见的诈骗方式，特别是在针对老年人的诈骗中。不法分子常常利用老年人对养老生活的迫切需求，以建设养老院、提供养老服务等名义，引诱老年人进行投资。他们可能会承诺高额的回报，但实际上却将资金挪作他用，导致投资者损失惨重。此外，虚拟理财诈骗也日益猖獗，不法分子通过制造各种新名词来混淆视听，吸引投资者入局。他们可能会设立网络虚假借贷平台，编造虚假融资项目，以高息回报为诱饵，最终携款潜逃。

保险诈骗

保险诈骗也是一种常见的诈骗行为。不法分子可能会怂恿、诱导保险消费者进行退保，歪曲事实恶意投诉保险公司，以获取高额手续费。例如，一些不法分子会以帮助消费者维权为由，收取高额代理费，但实际上却让消费者面临经济损失和失去保险保障的风险。另外，冒充保险理赔诈骗也时有发生，不法分子会冒充保险公司工作人员，以理赔为由向消费者索要个人信息和费用，威胁消费者的权益。

调包诈骗

调包诈骗是一种常见的欺诈手段，不法分子会采用秘密“调包”或其他隐蔽方式，使受害者的物品被他人替换。在金融领域，这通常涉及以普通物品替换贵重物品，或以假银行卡调换真卡。

例如，在银行或 ATM 机附近，不法分子会趁受害者不备，将其贵重物品或银行卡进行调换，随后在受害者不知情的情况下取走其钱财。

ATM 诈骗

ATM 诈骗主要通过 ATM 机进行，不法分子会在取款机上做手脚、张贴虚假告示或假咨询电话，以诱导他人上当。

例如，不法分子会在 ATM 机上张贴声称银行系统升级或机器故障的虚假告示，诱导持卡人按照指示操作，从而骗取钱财。当持卡人拨打告示上的电话时，诈骗分子会冒充银行客户服务中心索取密码，进而取走卡内资金。

电话诈骗

电话诈骗中，诈骗分子常冒充受害人的亲戚、同学或朋友，通过电话建立信任并传达紧急情况，诱导受害者在短时间内向特定银行卡汇款。

例如，诈骗分子会编造家人突发疾病或遭遇意外等紧急情况，迫使受害者匆忙汇款。此类诈骗已在全国范围内蔓延，且常采用异地作案、异地诈骗和异地跨行取款等方式。

假币诈骗

假币诈骗是指利用假币冒充真币进行流通和交易的欺诈行为。这类诈骗手法多样，如利用大找小、整回零等技巧进行诈骗。在现金交易时，我们必须保持警惕，仔细鉴别真假币，并主动上交假币给银行或公安机关处理，以确保自身权益不受损害。

引诱汇款诈骗

引诱汇款诈骗是不法分子通过群发短信，以“请把钱存到 ×× 银行，×× 账号，×× 先生”等类似内容广泛撒网。这种诈骗方式往往针对那些正打算汇款或拖欠他人款项的人。收到此类信息后，部分人可能因疏忽或自以为是而直接汇款至不法分子提供的账号。

刷卡消费诈骗

不法分子通过发送虚假的消费或中奖提示，引诱机主拨打短信中的号码查询。随后，他们可能冒充银行工作人员、银联信用卡管理中心或公安民警等身份，以连环设套的方式要求将银行卡资金转入所谓的“安全账户”，或套取用户的银行卡号、密码等信息进行诈骗。

虚假中奖诈骗

虚假中奖诈骗是网络诈骗中的一种常见手段。不法分子利用传播软件向QQ用户、MSN用户、邮箱用户等大量发送诱人的“官方中奖”信息。这些信息通常提示网民访问假冒官方网站进行确认，从而诱骗网民上当受骗，以缴纳“税款”“运费”“保证金”等方式实施诈骗。

针对以上各种诈骗方式，我们应当时刻保持警惕，切勿轻信来历不明的信息，更不要随意向陌生人提供的银行账号汇款或提供个人敏感信息。只有这样，我们才能有效防范各类诈骗行为，确保自身财产安全，使自己远离诈骗带来的负债风险。

课堂小延伸

近年来，新型诈骗手法不断翻新，让人防不胜防。公安机关对电信网络诈骗的打击力度不断加大，相关法律法规不断健全，国家层面为了防诈工作推出了“国家反诈中心”App，这款应用集合报案助手、举报线索、风险查询、诈骗预警、最新骗局曝光等多种功能于一体，可以有效防范诈骗。

财富名言

- 我不会购买那些华而不实的东西，钱要花在能产生真正价值的地方，就像投资一样，要把资金投到有潜力的项目上，而不是浪费在无意义的消费上。

- 储蓄是财富积累的基石，每一分节省下来并储存起来的钱，都是未来创造更多财富的种子。

- 储蓄不仅仅是为了存钱，更是一种对未来的规划和保障。它能让你在面对生活的不确定性时，拥有更多的选择权和安全感。

- 在互联网时代，诈骗手段层出不穷，大家一定要保持警惕，不要被看似诱人的利益所迷惑，保护好自己的财产安全就是保护自己的未来。

- 投资和生活中都要远离那些不切实际的承诺和快速致富的神话，如果你发现一个赚钱机会好得不像真的，那它很可能就是诈骗陷阱。

第八章

财富重启

打造“无债一身轻”的底气与资本

在这个物质充裕的时代，诱惑无处不在。很多人容易陷入消费主义的陷阱，导致负债缠身。想要远离负债，实现财务自由，就必须学会理性消费，合理规划收支，同时积极学习理财知识，这些知识可以帮助你更好地管理自己的财务和资产。日积月累，财富自然越来越多，即使负债也能翻盘过上富足的生活。

精打细算每笔开销，远离负债缠身

俗话说："吃不穷，穿不穷，算计不到就受穷。"精打细算是一种智慧，也是一种生活态度。很多人会把"精打细算"误解为是一种小气、吝啬的表现。然而，真正懂得生活智慧的人明白，精打细算并非是对财富的锱铢必较，而是一种对生活的深度规划与珍视，是实现细水长流般安稳生活的密钥。

在当今这个物欲横流、消费主义盛行的时代，从新款的电子产品到时尚的潮流服饰，从精致的美食到奢华的旅行体验，每一样都似乎在向我们的钱包招手。然而，如果我们不懂得精打细算，盲目地追求这些物质享受，很容易陷入入不敷出的困境。就像那些过度消费导致信用卡透支、债务缠身的人，他们在享受短暂的物质满足后，却要承受长期的经济压力。相反，精打细算的人会在面对各种诱惑时，冷静地思考自己的真实需求。他们会问自己："我真的需要这个东西吗？它能为我的生活带来实质性的改变吗？"通过这种理性的审视，他们能够筛选出真正有价值的消费，避免不必要的浪费。

老张和老李是多年邻居。老张是个精打细算的人，每月工资一到账，就会仔细规划各项开销，水电费、买菜钱、日常用品费等都安排得井井有条，还会定期存钱。

而老李则截然不同，老李主张人生苦短，要懂得享受人生。因此，工资到手后，他先去餐厅大吃大喝，看到喜欢的东西就买，从不考虑价格和实用性。

后来，两人所在的工厂效益不好，面临裁员。老张因为平日里有存款，即便暂时失业，也能维持生活，还利用这段时间学习新技能，为找新工作做准备。

老李却因之前毫无积蓄，生活一下子陷入困境，连房租都快交不起了，只能四处借钱。这时他才明白老张常说的“要精打细算，日子才能细水长流”的道理。

精打细算的人懂得在日常生活中节俭而不吝啬。他们可能会制定预算，注意消费，寻找优惠和折扣，努力储蓄，从而确保自己有足够的财源来支撑生活的各个方面。通过持之以恒地精打细算，个人可以逐渐积累财富，实现财务稳健和自给自足。在家庭生活中，也同样需要精打细算的智慧。夫妻之间如果共同理解和践行精打细算的原则，不仅能够避免浪费和奢侈，还能够建立起良好的家庭财务体系。通过共同商议家庭预算、分工合作、合理分配支出，家庭成员可以共同努力，实现理财目标，使得财源充裕，生活更加美满幸福。

有些人认为，精打细算就是要过一种节衣缩食、苦行僧般的生活。其实不然，精打细算并不意味着要降低生活质量。精打细算的目的是让我们在有限的资源条件下，获得最大的生活满足感。我们可以通过一些巧妙的方法，在不增加开支的情况下提升生活品质。比如，自己动手制作美食，不仅能保证食材的新鲜和健康，还能享受到烹饪的乐趣；利用周末时间去公园散步、野餐，既能放松身心，又不需要花费太多的钱；通过参加社区活动、志愿者服务等方式，拓展社交圈子，丰富精神生活。这些活动不仅成本低廉，还能让我们感受到生活的美好。

在家庭生活中，夫妻双方若能精打细算管理家庭财务，还能有效处理债务，让家庭财务更加稳健，为幸福生活筑牢经济基础。

总之，精打细算不仅仅是一种生活方式，更是一种生活态度和智慧。它让我们在纷繁复杂的现代社会中，保持清醒的头脑，合理地规划生活，高效地利用资源，为未来的发展奠定坚实的基础。让我们都学会精打细算，用智慧经营生活，从而实现细水长流般的美好人生。

课堂小延伸

精打细算是年轻人过日子必要的技能，要从衣食住行几个方面进行盘查细算，你一定会发现，日常生活中有些花销看似不起眼，但长年累月持续下来，却是一笔不小的数目。

理性消费，为债务按下“暂停键”

在当今这个物质丰富、信息爆炸的时代，理性消费早已成为我们日常生活中不可或缺的一部分。它不仅关乎个人财务健康，更体现了我们对生活品质与价值观的深刻理解。然而，非理性消费的现象却依旧随处可见，更有甚者让自己债务缠身，严重影响了个人的财务状况，生活也被搅得一团糟。

纪录片《金钱与我》讲述了一类深陷消费困境的人群，他们大多因过度消费、缺乏理财规划而在债务的泥潭中苦苦挣扎。理财专家介入后，先帮助他们梳理每一笔收支，发现冲动消费、盲目跟风购买奢侈品是债务产生的主要原因。随后，理财专家为他们提出了一系列实用的建议，比如制定详细预算、区分需求和欲望等。之后，主角们开始尝试改变，有人戒掉了每天必买咖啡的习惯，有人不再冲动购买新款的电子产品。在这个过程中，他们逐渐明白理性消费的意义，不再被消费主义裹挟，生活也慢慢步入正轨。

这部纪录片用真实案例提醒我们：唯有理性对待金钱，才能收获更稳健的生活。尤其是在当下，理性消费更是至关重要。那么，我们如何才能在琳琅满目的商品和复杂的促销活动中做到理性消费呢？下面将从几个关键维度帮你找到理性消费的路径。

明确需求，拒绝冲动

理性消费的第一步，是清晰地认识并界定自己的真实需求。在购物前，不妨先问自己几个问题：这件商品是我真正需要的吗？它能否解决我的实际问题或提升我的生活品质？我是否已经有了类似功能的替代品？通过这样的自我审视，可以有效过滤掉那些因一时冲动或盲目跟风而可能产生的非必要消费。记住，真正的需求往往源自内心的渴望与生活的实际需要，而非外界的喧嚣与诱惑。

预算规划，量力而行

制定合理的预算，是理性消费的重要基石。根据自己的收入状况、储蓄目标及未来规划，为不同类别的支出设定合理的上限。在购物时，坚持“先预算，后消费”的原则，确保每一笔支出都在可控范围内。同时，也要学会预留一部分紧急备用金，以应对突发的意外情况。通过预算规划，我们不仅能更好地管理自己的财务状况，还能在享受消费乐趣的同时，保持对未来的安全感。

比较选择，追求性价比

在信息高度透明的今天，货比三家已成为消费者的基本技能。在决定购买某样商品前，不妨多花些时间在网络上搜索相关信息，比较不同品牌、型号、价格之间的优劣。除了价格因素外，更要关注产品的性能、质量、售后服务等方面，力求找到性价比最高的选项。此外，还可以关注一些专业的评测文章或消费者评价，以获取更全面的信息，帮助自己做出更加明智的决策。

注重品质，长远考量

理性消费并不意味着一味追求低价，而是要在价格与品质之间找到最佳的平衡点。优质的商品往往能带来更长久的使用体验，减少频繁更换带来的额外成本。因此，在消费时，我们应更加注重产品的耐用性、环保性、安全性等长远因素，而非仅仅被眼前的低价所吸引。长远来看，这样的消费决策不仅能为我们节省金钱，更能提升生活的品质与幸福感。

培养习惯，持续践行

理性消费是一种生活态度，更是一种需要长期培养的习惯。在日常生活中，我们应时刻保持清醒的头脑，警惕各种消费陷阱与诱惑。同时，也可以通过阅读相关书籍、参加理财课程等方式，不断提升自己的财商与消费意识。此外，与家人、朋友分享自己的理性消费经验，相互鼓励与监督，也能在无形中形成良好的消费氛围，让理性消费成为我们共同的生活方式。

反思总结，不断优化

每一次消费后，不妨花点时间进行反思与总结。回顾自己的消费决策过程，分析哪些做法是正确的，哪些是需要改进的。通过不断的反思与调整，我们可以逐渐完善自己的消费观念与策略，使之更加符合自己的实际情况与价值观。同时，也要学会接受自己的不完美，认识到理性消费是一个持续学习与成长的过程，需要我们在实践中不断探索与前行。

总之，理性消费是一种智慧的选择，它要求我们在面对纷繁复杂的消费环境时，能够保持清醒的头脑、坚定的信念与正确的行动。通过明确需求、预算规划、比较选择、注重品质、培养习惯以及反思总结等步骤的实践，我们不仅能够实现个人财务的稳健管理，更能享受到更加充实、满足与幸福的生活。

课堂小延伸

学会量入而出，适度消费。理性看待商家的各类促销活动，根据自身需求合理消费。下单之前，可以列出购物清单，按需购买，同时避免重复购入同功能的物品。有计划地购买，能帮助我们更好地省钱，远离负债。

警惕超前消费陷阱，小心成“负翁”

当今社会，花呗、借呗、白条、无抵押贷款等超前消费方式层出不穷。一些年轻人抱着“超前消费”的态度，今天下单一支心仪的口红，明天又下单一件漂亮衣服，像在花别人的钱一样，于是在这种错觉的干扰下，消费购物一时爽，收到账单时才发现自己还不上。可谓是“刷卡消费时有多开心，还款时就有多难过”。

然而，由于这种消费模式极具成瘾性，一旦陷入，消费的欲望便如脱缰之马，消费金额不断攀升，物品价格也愈发昂贵。等到还款日期来临时，那一笔笔欠款就如同沉重的枷锁，压得人喘不过气来。这时，很多人才惊觉曾经的“轻松消费”已演变成让人难以承受的债务负担。

小琳是个对美有着执着追求的女孩。在网络潮流的影响下，她痴迷于网购那些热门推荐的服饰、护肤品，还有各式各样的奢侈品包。然而，微薄的工资难以支撑她日益高涨的消费欲望，于是信用卡成了她填补资金缺口的首选。当信用卡额度刷尽，她又将目光投向花呗、白条等金融贷款产品。

几个月过去，她已然习惯了每月将薪水全部用于偿还各种网贷。可资金缺口却像滚雪球般越来越大，手头愈发拮据，而利息也在不断累积，如同利齿般啃噬着她的财务底线。无奈之下，她只能转战其他平台，以贷养贷，陷入这个恶性循环中无法自拔。

仅仅一年多的时间，债务的雪球就越滚越大，最终到了极为严重的地步，为了还清巨额债务，小琳甚至不得不卖掉父母为她买的房子。

近年来，随着金融科技的迅猛发展，一种名为“先享后付”的超前消费模式逐渐兴起。“先享后付”是指消费者在享受商品或服务后，才进行付款。这种方式打破了传统购物的支付顺序，使消费者在未付费的情况下即可获得商品或是享受服务。而且许多平台借助这种消费模式，也已经成功吸引了年轻消费者的眼球，营销效果立竿见影。

但是，在这种看似美好的消费体验背后，却暗藏着许多不为人知的风险。央视曝光的调查也揭示了其中隐藏的诸多套路，让人不禁对这种消费方式产生怀疑。

面对“先享后付”的模式，许多消费者表现出了明显的心理倾向。尤其是年轻人，对自身的经济状况往往过于乐观，容易在未能合理评估自身支付能力的情况下选择“先享”。这种消费心理在巨大的市场营销推动下，更是被不断放大，消费者很容易被诱导进入一场虚幻的消费狂欢。实际上，这种消费方式如同一把双刃剑，短期内给消费者带来了某种程度的满足，然而在未来却可能引发一系列的经济负担。

在“先享后付”消费模式中，很多商家设置了相对复杂的还款机制，不同的平台甚至存在差异很大的还款规定。这对于许多消费者来说，是一个不小的挑战。在享受完商品或服务后，很多人会面临如何处理还款的问题。比如某些平台若不及时还款，可能会产生较高的罚息，甚至导致个人信誉受损。

此外，一些平台还设定了极为不合理的分期政策，使消费者在无形中陷入了长期负债的陷阱。这也体现了“先享后付”模式带来的消费风险与负担。

经济学家对此表示，过度的消费容易导致家庭负债累累，影响到消费者的生活质量与未来的消费意愿。

那么，作为消费者，该如何防范这种消费陷阱，避免让自己陷入债务的旋涡呢？

1. 消费者在选择这种消费模式前，应理性评估自身的经济状况，确保自己在使用商品或是享受服务之前具备足够的还款能力。

2. 消费者在使用“先享后付”的平台时，务必仔细阅读合同条款，明确了解自己的权益及义务。

3. 消费者要学会关注第三方的评价，这也是防范风险的重要措施之一。消费者应参考他人的真实评价，尤其是对平台的还款政策、售后服务质量等进行综合评估，对任何一方面存在可疑之处，都应果断放弃使用。

“先享后付”作为一种新型消费模式，在给消费市场带来活力的同时，也需要我们保持警惕。消费不仅仅是享受，更是责任。只有确保每位消费者在真实的经济能力范围内进行消费，才能维护良好的市场秩序，不断提升消费体验。央视的曝光提醒了我们，只有坦然面对自己的经济状况，才能真正实现“享受”的快乐，而不是陷入债务的旋涡。

课堂小延伸

超前消费容易让人陷入沉重的债务泥潭。由于消费与收入水平不匹配，超前消费一旦变成了超额消费，无法按时偿还信用卡欠款，就会造成逾期，进而影响个人征信。我们应当树立正确的消费观念，量入为出，理性消费，避免陷入超前消费的陷阱。

学会理性投资，让债务无缝可入

在当今这个快节奏的时代，海量信息如潮水般向我们涌来，各类金融资讯与投资建议更是令人目不暇接，结果我们时常被裹挟在这些铺天盖地的信息洪流之中而不自知，似乎只要我们抓住任何一条所谓的“致富秘诀”，就能在财富的赛道上一骑绝尘。然而，事实却并非如此。

其实，真正富有智慧的投资，绝非囫囵吞枣地接纳这些铺天盖地的信息，而是要能够沉下心来深入思考，充分消化吸收这些信息，然后提取出有价值的信息，用以指导未来的投资决策。

尤其是当你深陷债务困境时，学会理性投资更是愈发重要。理性投资意味着在充分了解自身财务能力和风险承受力的基础上，做出明智的决策。它能帮助我们合理分配资金，避免因冲动投资而陷入更深的债务泥潭。同时，通过理性投资获得的收益，还可以逐步偿还债务，改善财务状况。相反，若是你在陷入债务危机时，依旧盲目投资或者消费无度，缺乏对自身财务状况的全面审视和合理规划，结果只会在债务的泥潭中越陷越深。

当然，在广袤的投资领域中，遵循合理的原则更是至关重要，而非盲目跟风。毕竟市场的波动是难以预测的，若是缺乏独立的思考和分析，一味盲目地跟从他人的投资决策，往往会带来诸多风险和不确定性，甚至很可能在市场变化时遭受重大损失。

那么，面对风云变幻的市场，我们该如何坚持和践行理性的投资原则呢？接下来，就让我们一起探讨其中的方法，帮你规避潜在风险，提升理财能力，实现财富的稳健增长。

掌握基础的金融知识

你需要了解不同的投资工具，如股票、基金、债券、期货等，以及它们的特点、风险和收益特征。同时，通过学习金融理论、阅读专业书籍以及研究报告，不断提升自己的金融知识水平。

研究风险与收益的匹配原则

我们都知道高收益必然存在高风险，低风险必然对应低收益。因此，你一定要将风险控制在自己可以承受的范围之内，然后进一步选择合适自己的理财方式，设定相应的收益目标，等等。

制定明确的投资目标和计划

制定理财规划时，你需要综合考虑自己的短期与长期安排，同时考虑现实承受能力、未来预期目标等因素，不要盲目设定过高的理财规划。在投资之前，你要明确自己的投资目标，是短期获利还是长期资产增值？是为了养老储备还是子女教育基金？根据投资目标，你再确定投资的时间跨度、风险承受能力以及预期收益等考量。

研究和分析市场

投资理财是一门非常专业的学问，为此你需要时刻关注宏观经济形势、行业发展趋势、企业财务状况等资讯。比如，你可以通过阅读财经新闻、分析公司年报、研究市场数据等方式，关注这些资讯。然后在此基础上，做出基于理性判断的投资决策。

以下为不同投资工具的风险与收益比较表格。

表 8-1

投资工具	风险程度	预期收益
股票	高	高
基金	中	中
债券	低	低
期货	极高	极高或极低

要保持冷静和理性

践行投资原则时，你需要控制你的欲望，不能贪婪，更不要受市场情绪的左右，为此你要学会避免在市场狂热时盲目追涨，在市场恐慌时盲目杀跌。而且你还需根据市场变化和自身情况的改变，定期对投资组合进行评估和调整，适时优化投资组合。另外，在任何投资活动中，都要设定目标与限额，既有盈利目标也有止损目标，前者帮助我们明确期望达成的收益水平，后者则为我们划定了风险底线。一旦确定，就必须严格执行，绝不能让贪婪影响决策。

学会控制风险

为了能够在波动的市场中稳健前行，你要学会控制风险。比如，不要将所有的资金都集中在某个投资品种或是某个行业上，而是通过分散投资来降低单一资产的风险。再如，设置合理的止损点和止盈点。当价格触及止损点时，果断出手，避免损失进一步扩大；当价格到达止盈点时，也不要被贪婪蒙蔽双眼，及时落袋为安，锁定收益。

总之，培养和实践合理的投资原则需要长期的学习、实践和积累。只有这样，才能在投资的道路上稳健前行，实现财富的保值增值。

课堂小延伸

理财是慢慢积累的过程，不是一蹴而就的，更不可能一夜暴富，学习理财的目的是管理财务（财产和债务），实现财务的保值和增值。理财是一门学问，需要不断学习和实践，提高自己的理财能力，实现财务目标，获得无债人生。

制定财务规划，抵御风险压力

在现代社会中，财务压力已成为许多人生活中不可避免的一部分。无论是由于房贷、子女教育费用、医疗支出，还是突如其来的经济变故，财务问题常常让人感到焦虑和不安。然而，正如我们在面对健康问题时需要冷静分析、制订合理的计划一样，应对财务压力也需要科学的方法和冷静的心态。

制定个人财务的长期规划，不仅可以缓解财务压力，还能为未来的生活打下更加稳固的基础，对于抵御风险压力至关重要。以下是一些关键步骤和建议，能帮助你制定有效的长期财务规划。通过以下步骤，你可以制定出一个全面的个人财务长期规划，有效抵御风险压力，实现财务目标并确保未来的财务安全。

正视问题，调整心态

面对财务压力，首先要做的是正视问题，而不是逃避或自责。许多人常常因为感到羞愧或不安而选择忽视财务问题，这只会让问题变得更糟。正视财务压力意味着我们需要冷静下来，客观地分析自己的财务状况。此时，保持积极的心态尤为重要。压力过大不仅会影响我们的情绪，还可能对身体健康产生负面影响。因此，学会在困境中寻找希望，并相信自己有能力解决问题，是缓解财务压力的第一步。

全面评估财务状况

在正视问题之后，我们需要对自身的财务状况进行全面的评估。这包括收入、支出、债务、储蓄以及投资等方面。通过详细的记录和分析，我们可以清楚地了解自己的财务健康状况，找到问题的根源。例如，是否存在不必要的开支？是否有高利率的债务需要优先偿还？通过这些问题，我们可以为接下来的财务计划制定明确的目标。

在这个过程中，记账是一个非常有效的工具。通过每天记录收入和支出，我们可以更好地掌握资金流向，发现潜在的节约空间，此外，还可以借助一些财务管理软件或应用程序，帮助我们更直观地了解自己的财务状况。

制定合理的预算

根据自己的情况和目标，制定一个长期的财务规划。在制定财务规划之前，建议先制定一个详细的预算。预算是指将月收入和支出列出，并进行合理分配的过程。通过预算，可以清晰地计划自己的财务状况，找到节约开支和增加储蓄的途径。

预算不是限制支出，而是合理分配资源，确保我们在满足基本生活需求的同时，还能有所储蓄和投资。制定预算时，我们需要考虑以下几个方面：

1. 固定支出：如房租、房贷、水电费、通信费等，这些是每月必须支付的固定费用。

2. 可变支出：如餐饮、娱乐、购物等，这些支出可以通过调整生活方式来控制。

3. 应急储蓄：建立应急储蓄账户，以备不时之需，通常建议储备至少 3~6 个月的生活费。

4. 债务偿还：优先偿还高利率的债务，以减少利息支出。

5. 投资理财：根据自身的风险承受能力，合理配置投资，以实现财富的增值。

制定预算时，要确保其可行性和灵活性。过于严格的预算可能导致无法坚持，从而失去效果。因此，在制定预算时，可以留出一定的弹性空间，以应对突发情况。

增加收入来源

在制定合理的预算之后，如果仍然感到财务压力，我们可以考虑寻找额外的收入来源。这不仅可以增加收入，减轻财务负担，还可以提升自我价值，增强自信心。需要注意的是，寻找额外收入来源时，要避免盲目投资或参与高风险的项目，以免加重财务负担。

培养良好的财务习惯

最后，要真正摆脱财务压力，我们需要培养良好的财务习惯。这不仅可以帮助我们更好地管理财务，还能为未来的生活打下更加稳固的基础。以下是一些值得培养的良好财务习惯：

1. 定期储蓄：每月储蓄一定比例的固定收入，建立稳固的储蓄基础。

2. 控制消费：避免冲动消费，理性对待购物欲望，优先购买真正需要的物品。

3. 定期评估财务状况：每季度或每半年对自己的财务状况进行一次全面评估，及时调整预算和投资计划学习。

4. 理财知识：通过阅读书籍、参加讲座、关注财经新闻等方式，不断提升自己的理财知识和能力。

应对财务压力并不是一朝一夕的事情，而是一个长期的过程。在这个过程中，我们需要保持冷静的心态，全面评估财务状况，制定合理的预算，寻找额外的收入来源，并培养良好的财务习惯。此举不仅可以有效缓解财务压力，还能为未来的生活打下更加稳固的基础。

课堂小延伸

财务规划可以分为短期、中期、长期财务规划。例如：短期规划是攒够3个月生活备用金或还清信用卡欠款。中期规划是3~5年攒够房子首付或子女教育基金。长期规划以5年以上为周期，筹备充足的养老金或购房。这样科学合理的规划财务，可以灵活有效地应对当下的财务状况，有助于实现个人和家庭的财务目标。

财富名言

- 如果说时间就是金钱，那么浪费时间就是最大的挥霍。同样，钱若不花在刀刃上，也是一种对财富的浪费。

- 投资必须是理性的。如果你不能理解它，就不要做。

- 一份好的财务规划不仅可以帮助你实现目标，同时还可以让你有足够的信心去面对生活中的挑战。

- 不要懵懵懂懂地随意买股票，要在投资前扎实地做一些功课，才能成功。

- 年轻人不要负债，有多少钱花多少钱，树立正确的消费观念，理性消费，量入为出，同时要管好自己的现金流。